한국 대사의
인도 리포트

인도 국기 속의 바퀴 문장은 '차크라(물레)'라고 하는데, 이는 부처의 가르침을 뜻하며 하루 24시간을 의미하는 24개의 바큇살로 표현되었다. 이 바퀴는 간디가 실을 지은 물레, 인생의 물레(wheel of life), 환생, 정의(justice) 등을 상징한다.

* 표지 바탕색인 쪽빛(indigo)은 인도 고유식물인 인디고페라(indigofera)에서, 주황색은 인도의 토지 색깔에서 온 것으로 인도 국기에도 있다.

한국 대사의
인도 리포트

조현 지음

공감

Contents

c h a p t e r 1   변모하는 사회

chapter 2 　변화하는 정치

chapter 3 　떠오르는 경제

chapter 4   발전하는 한-인도 관계

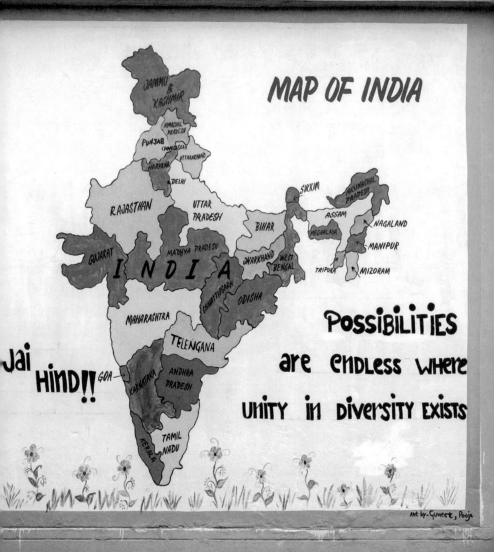

"다양성 안에 단결하면
가능성은 무한합니다."

　　필자는 2015년부터 2년 가까이 인도 주재 한국 대사로 근무
하였다. 인도로의 부임을 준비하면서 어떻게 하면 한국과 인도
관계를 획기적으로 발전시킬 수 있을까를 고민하였고, '부상하
는 인도'를 현장에서 직접 확인하고 인도와의 관계를 강화해 나
갈 방안을 찾아 성과를 내야겠다는 각오를 다졌다. 지난 20년간
중국의 부상을 활용해온 한국 경제가 정체기를 맞으면서, 이제는
'떠오르는 인도'를 통해 새로운 돌파구를 찾을 시점이 되었다고
생각했다.

　　14억* 인구의 '믿기지 않는 인도(incredible India)'는 세계인의 호

＊ 2019년 현재 13.7억으로 추정

기심 대상이다. 1970년대 인도를 매력적인 관광지로 홍보하기 위해 만들어진 이 표현은 본래 의도와는 다르게 인도를 방문하는 사람들이 겪는 때로는 황당한 경험을 희화적으로 묘사하기 위해 사용되기도 한다. 그러나 인도 경제가 무서운 속도로 발전하면서 이제는 말 그대로 '너무나 멋진 인도(incredible India)'의 의미로도 쓰이고 있다. 이런 인도에 대해 필자는 공적인 임무뿐만이 아니라 다양한 관점에서 탐구해 보고 싶은 생각에 가슴이 설레었다.

부임 전에 책으로 읽은 인도는 원천적 신분 차별인 카스트 제도에 따른 소득 불평등이 심하고 지역 간 격차도 매우 큰 데다가, 오랜 불평등의 역사 속에서 심리적 체념이 체질화된 사회로 보였다. 이렇게 불평등이 고착화된 국가는 어떻게 운영되는지 궁금하였다. 특히 한국의 많은 젊은이들이 사회적 불평등과 양극화 속에서 좌절을 겪고 있는데, 인도의 청년들은 장래를 어떻게 내다보고 어떤 희망을 품고 사는지 어서 그들을 만나보고 싶었다.

막상 인도에서 살아 보니 생각했던 것과 크게 달랐다. 놀랍게도 인도의 젊은이들은 희망적이고 긍정적이었고, '나도 할 수 있다'라는 자신감에 차 있었다. 물론 농촌과 도시 빈민들의 삶은 참으로 어렵고 힘든 것이 현실이다. 인도에는 부(富)와 빈(貧), 영(靈)과 속(俗), 지(知)와 무지(無知), 과거와 미래, 전통과 첨단이 혼재되어 있었다. 그럼에도 이러한 혼재 속에서 읽히는 변화가 있었다. 어느 한구석에서는 카스트가 무너져 내리고 있었고, 또 어디선가 새로운 성공 스토리가 나오고 있었다. 인도의 젊은이들은 새롭게 열린 가능성을 보고 뛰고 있었으며, 이 모습은 마치 한국의 1970~80년대를 연상케 하는 듯 어수선한 가운데서도 큰 잠재력을 보여주고 있었다.

이러한 인도가 어떻게 변화해 나갈 것인지, 또 한국은 어떤 기회를 모색할 것인지에 대한 생각을 가까운 지인들뿐 아니라 일반 독자들, 특히 우리 젊은이들과 나누고 싶었다. 인도에서의 경험을 잘 정리하면 무언가 유용한 읽을거리가 될 수 있을 것이라는 확신이 들었다. 이를 위해 읽고 듣고 토론한 내용들을 재차 확인하고 매일 기록하는 것은 필자에게 커다란 즐거움이었다.

이 책은 인도 대사 재임 시절 보고 들은 것들을 틈틈이 적어 놓았던 노트를 바탕으로 집필한 것이다. 대사의 임기는 통상 3년이기 때문에 2년째로 접어들며 '남은 동안에 그간의 기록들을 잘 정리하면 책으로 낼 수 있겠구나' 생각했는데, 2017년 5월 신정부가 출범하면서 외교차관으로 발령받아 서울로 들어오게 되었다. 집필 작업은 중단되었다. 2019년 5월 차관직에서 물러난 후, 이제는 정말 책을 완성하겠다는 각오로 노트북을 펴고 집중적으로 작업을 시작하였다. 그런데 다시 주유엔 대사로 발령받게 되었고 부임일이 10월 말이니 원고 마감 시간을 받은 것 같아 마음이 급해졌다. 그러나 이런 상황의 변화가 없었다면 자신감의 부족, 또는 부끄러움으로 인해 아직도 초안을 쓰고 다시 고치는 작업을 계속하고 있었을지 모르겠다. 시간이 있으면 좀 더 보완하고 싶은 아쉬움은 있으나 시험 시간이 끝나 답안지를 제출하는 수험생의 마음으로 이 책을 세상에 내놓는다.

여기에 실린 내용은 필자의 경험을 토대로 한 것으로서 한국 정부의 입장과는 무관하다. 대부분은 2015~17년 인도의 모습을 스냅샷처럼 담았으며, 이후 약간의 새로운 내용을 추가하였다. 기본적으로 인도 사회에 대한 필자의 관찰을 풀어낸 이야기이지, 거대한 인도와 유구한 인도 역사를 감히 모두 기술해 보고자 하는 것은 아니다. 한국-인도 양국 간의 외교적인 문제들에 관해서는 그 민감성을 고려하여 많은 부분 기술하지 않았고, 학술서적이 아닌 만큼 정보의 출처를 다 밝히지 않았음에 대해서도 독자들의 양해를 구한다.

이 책을 완성하기까지에는 주인도 한국 대사관 동료들의 도움이 컸다. 카스트를 연구하고 있는 김금평 문화원장의 조언은 사회 분야 원고에 긴요하게 쓰였고, 정치·경제 분야에는 박은진 서기관과 박소연 연구관의 조력을 받았다. 포스코 경제연구소의 김용식 박사는 많은 경제 자료를 찾아주었으며, 하만주 아시아투데이 특파원은 소중한 사진을 제공해 주었다. 가까운 외교부 동료들은 설익은 초고를 읽고 좋은 의견을 내어 주었고, 도래이스와미 전 주한 대사와 그 후임 랑가나탄 대사는 진심 어린 격려를 해 주었다. 이 모든 분께 고마운 마음을 전한다. 끝으로 흔쾌히 출판을 맡아 준 공감출판사 최원교 사장과 편집에 애써주신 최영주 팀장에게도 감사드린다.

2019년 10월 서울을 떠나며

저자 조현

chapter 1

변모하는 사회

카스트의 유래

인도에 막 부임했을 때 있었던 일이다. 차를 준비하는 인도인 직원이 아침 회의 직전에 차를 나르다가 쟁반을 떨어뜨리는 사고가 있었다. 옆에 있던 인도인 비서는 곧바로 청소부를 부를 뿐 깨진 찻잔을 줍거나 어질러진 현장을 정리하지 않았다. 그 비서가 생각하기에 자신은 청소하는 신분이 아니기 때문이었다. 인도에서도 요즘은 자주 볼 수 있는 상황은 아니지만, 인도인들의 카스트에 기인한 직업의식을 보여준 단적인 사례였다.

인도의 카스트 제도는 피부색을 의미하는 바르나(Varna)와 태생과 종족을 의미하는 자티(Jati)가 합쳐진 것으로, 약 4,000년 전 인더스 문명이 쇠퇴하던 시기에 북쪽에서 온 아리안족이 인도를 정복하면서 만들어졌다고 한다. 계급 간의 사회적 이동을 불가능하게 만듦으로써 소수 지배 집단이 피지배 계급에 동화되는 것을 막고 사회적 안정을 꾀한 제도로 해석된다.

카스트에는 브라만, 크샤트리아, 바이샤, 수드라 4개의 신분 계급과 카스트 밖의 불가촉천민인 달리트*가 있지만, 그 안에는 무려 3만여 개의 세분된 직업군이 존재한다. 주(州)마다 차이는 있는데 브라만은 전체 국민의 5% 남짓, 달리트는 16%가량이라고 한다. 카스트는 직업을 구분하는 전통풍습 같은 것이어서 비(非) 힌두교 국가인 스리랑카, 네팔, 방글라데시, 파키스탄에도 남아있다.

하버드대 역사학과 교수 출신인 수가타 보스(Sugata Bose) 인도 하원의원은 필자에게 "오히려 카스트의 존재가 많은 인도인의 목숨을 구했다"라고 까지 주장했다. 인류 역사상 대부분의 정복자들은 피정복민을 도륙했지만, 인도를 침략한 외래인들은 기존의 거주민들을 죽이는 대신 하층민으로 분류해 직업을 주고 본분에 맞게 살게 해주었다는 것이다. 예를 들어 천민에게는 오물을 치우거나 사원에서 신발을 맡아주는 일을 맡겼다는 설명이다. 외

---

* '달리트(Dalit)'는 산스크리트어로는 Broken/Scattered의 뜻이 있으며, 과거 '불가촉천민'으로 불렸던 인도 신분제하에서 최하층 피억압계층이 자신을 칭하는 표현임. 법률 용어로는 '법률로 보호받을 수 있도록 지정한 카스트들'이라는 뜻의 '지정 카스트(Scheduled Castes)'가 쓰이고 있으며, 본서에서는 '달리트'로 통일함.

국인 앞에서 자국의 풍습을 최대한 좋게 설명하려는 의도라고 이해했지만, 정당화하는 것도 정도가 지나치다는 생각이 들어 그런 주장이 결국 21세기인 현재에도 불평등을 고착화하고 개혁을 미루는 논거로 악용되는 것은 아닌지 반문하였다. 이에 대해 보스 의원은 "인도는 하나의 나라라기보다는 거대한 문명이니 그대로 받아들이라"라고 알 듯 모를 듯한 답을 하였다.

인도에서 오래 거주한 한 교민도 "외국인들이 보기에는 잘 이해되지 않지만 카스트 제도가 없어진다면 인도 사회도 무너질 것이다"라는 말을 한 적이 있다. 지나치게 기득권에 안주하려는 태도를 대변하는 것 같다는 느낌이 들어서 "세상의 모든 현상이 영원히 지속될 수는 없을 것"이라고 에둘러 대화를 마무리하였다.

카스트 제도는 무굴제국(이슬람)과 영국의 식민지배(크리스천) 하에서 분열시키고 통치하는(divide and rule) 데에 활용되면서 더 강화되고 고착화 되었다. 영국은 1881년 총인구조사를 통해 공식적으로 인도인들을 카스트에 따라 상세히 분류한 후, 이를 하급 관료를 충원하거나 폭동을 일으킬 가능성이 큰 계층을 식별하는 기준으로 삼는 등 식민지 경영에 활용하였다.

영국은 특정 계층과 부족을 잠재적인 범죄자로 낙인찍고 그들이 방문할 수 있는 장소와 만날 수 있는 사람을 제한하였으며,

토지 소유를 금지하고 교육의 기회도 다르게 적용하였다. 영국이 200년 넘게 펼친 체계적이고 조직적인 차별 정책의 결과로 카스트에 따른 차별과 사회 갈등은 더욱 심각해졌다.

독립 당시 인도인들은 카스트 존치 여부를 놓고 치열한 논쟁을 벌였다. 마하트마 간디는 인도를 분열시켜 온 종교 간 적대감의 해소를 위해 노력하였으며, 카스트에 대해 비판적이기는 했어도 통합에 우선순위를 두다 보니 힌두교의 근간인 카스트를 어느 정도 인정하고자 했다. 하지만 힌두교 중심의 국가 건설을 꿈꾸었던 힌두교 원리주의자들은 힌두교의 영광을 재현하는 것이 목표였기 때문에, 비폭력을 강조하며 무슬림과의 화합을 추진한 간디를 급기야 암살하기에 이르렀다.

반면 달리트 출신으로서 영국군 근로자였던 부친 덕분에 일찍이 미국에서 교육을 받은 법무장관 암베드카르는 보다 근본적이고 과감한 변화를 희망했다. 천민 출신 의원들을 별도로 선출하는 혁명적인 분리 선거구제를 요구하였으나 좌절되었고, 결국 헌법에 카스트에 근거한 차별은 안 된다는 선언적 조항과 할당제 도입으로 타협이 이루어졌다. 이에 실망한 암베드카르는 1956년 추종자들 50만 명과 함께 힌두교를 버리고 불교로 개종하고 말았다.

이렇게 1950년에 반포된 인도 헌법은 카스트에 의한 차별을 금지하고 있다. 하지만 그렇다고 해서 기계적으로 평등을 적용하면 기존의 격차는 사라지지 않을 것이다. 그 때문에 자칫 차별금지 원칙과 모순될 수 있음에도 불구하고, 하위 카스트를 우대한다는 명분과 목적으로 많은 법과 제도를 통한 사회적 약자 우대정책(affirmative action)을 시행하고 있다. 심지어는 최고의 두뇌를 뽑는다는 인도공과대학(IIT), 행정고시 등에

전 인도 법무장관 암베드카르

도 별도의 할당제를 운용하고 있다. 할당제는 인도 사회에 견고하게 정착됨에 따라 시혜성의 제도가 아닌 하위 카스트들의 당연한 권리로 받아들여지고 있다.

필자는 IIT 총장에게 할당제로 뽑으면 행여나 학생들의 학업수준을 유지하는 것이 어렵지는 않은지 물어본 적이 있다. IIT 총장은 할당제로 뽑힌 학생들도 워낙 많은 지원자 중에서 선발되기 때문에 우수할 수밖에 없다고 대답하였다. 할당제가 능력 본위 제도를 훼손시킬 정도는 아니라는 설명이었다.

할당제 대상층은 크게 3개 범주로서 최하층 피억압계층인 달리트와 부족민 집단인 지정 부족(Scheduled Tribes), 차상위 후진계층인 기타 후진계층(Other Backward Classes)이 있다. 인도 헌법이 달리트와 지정 부족에 대해 인구비례 할당을 시행하도록 규정함에 따라 공직과 교육 부문에서 달리트에 15%, 부족민 집단에 7.5%의 자리가 할당되었다. 1979년에는 만달위원회(Mandal Commission)가 기타 후진계층의 사회, 교육, 경제적 후진성을 조사하여 보고함에 따라 기타 후진계층에 대해서도 27%의 할당이 추가되었다.

최근 들어 이러한 할당제와 관련하여 아이러니한 현상이 나타나고 있다. 예컨대 할당제의 혜택을 받기 위해 사회적 신분을 낮추고자 하는 공동체가 나오기 시작한 것이다. 1994년 이후 인도 인구의 52%를 차지하고 있는 3,943개의 공동체가 기타 후진계층으로 분류되어 할당 우대정책의 대상자로 혜택을 받게 되면서부터 생긴 현상이다. 2015년 구자라트주에서는 농민들이 하층민 계급에 포함시켜 줄 것을 요구하는 시위를 벌였다. 또한 라자스탄주에서는 이러한 요구가 단순히 시위에 그치지 않고 실제 하층계급으로의 이동을 허용하는 법원 판결로 이어지기도 하였다.

할당제도에 대한 긍정적인 면도 있지만, 헌법상 차별이 금지된 상황에서 하위계층에 대한 우대정책 강화로 오히려 역차별의 문제가 발생하기도 한다. 이를 둘러싼 모습에서 어렵고 복잡한 문제에 직면한 인도인들의 고뇌를 엿볼 수 있다.

#2

카스트의 미래

카스트는 인도 전통 사회의 신분이 사회적 계급으로 고착화된 것이다. 그러나 오늘날 도시의 젊은이들은 카스트를 의식하지 않는다. 델리에서 만나는 청년들에게 출신 카스트를 묻거나 카스트 제도에 관해 질문하면, 농촌에서나 있는 문제라고 하면서 남의 나라 일처럼 말하곤 한다. 주말 신문에는 결혼 상대를 찾는 전면 광고가 어김없이 게재되는데, 여기에 자기 카스트나 희망하는 상대의 카스트를 밝히는 광고는 거의 찾아볼 수 없다. 과거에는 직업이나 출신지와 함께 카스트가 필수 항목이었다고 한다.

그러나 카스트가 무너지는 데 대한 저항도 만만치 않다. 2015년 하리아나주에서는 달리트 아동 2명이 불타 죽는 끔찍한 사건이 있었으며, 그 외에도 달리트에 대한 공격은 끊이지 않고 일어난다. 도시로 나가 부자가 되어 돌아온 천민을 마을의 상위 카스트가 못마땅하게 여겨 폭행하는 일도 많다.

사실 도시의 비교적 자유로운 분위기의 중산층 가정에서도 막상 결혼 이야기가 나오면, 부모는 먼저 카스트를 의식한다고 한다. 어느 전문직 여성은 자신의 아버지가 상당히 개혁적인 분임에도 딸의 결혼 상대로 최하위 카스트는 안 된다고 하여 놀랐던 경험을 이야기했다. 물론 개인적인 차이는 있더라도 비교적 다양성을 인정하는 엘리트층에서도 자녀들이 하위 카스트와 결혼하는 것은 불명예로 받아들이는 모습을 보인다. 원칙적으로 사회 전반의 계층 차별금지는 용납하지만, 자신이나 자식에게 직접 관계될 경우는 생각이 달라진다. 카스트는 쉽게 사라지지 않을 뿌리 깊은 사회 관습 같은 것이다.

그럼에도 인도 사회에서 카스트의 영향력이 서서히 줄어들고 있는 것은 분명한 사실이다. 가장 큰 요인은 빠르게 진행되는 도시화와 커지는 시장의 힘이다. 도시화, 산업화로 직업이 다양해지고 기존 공동체가 와해되면서 카스트의 견고한 벽은 급속도로 침식되어가고 있다. 자본주의 사회에서 경제적 능력에 따른 신분 이동이 확산되고 시민들의 의식 수준이 높아져 가기 때문이다. 도시에서는 브라만이 운전기사로 일하고 천민 출신이 부

인도의 전통 결혼식 풍경

자로 사는 경우가 흔하게 눈에 띄는데, 스마트폰과 TV 드라마는 이러한 하위 카스트의 성공담을 빠르게 전파하는 역할을 하고 있다.

특히 달리트의 의식 변화는 카스트 제도가 약화되는 주요 요인이 되고 있다. 전통 사회의 달리트는 상위 카스트의 폭언과 폭행을 숙명으로 받아들였지만, 이제는 자신들의 목소리를 높이고 동등한 권리를 주장하면서 대중을 동원하여 조직화한 저항을 하고 있다. 이러한 변화를 주도하는 원동력은 이들의 경제적 성장이다. 지난 20년간 자유화와 경제성장의 결과로 엄청나게 많은 달리트가 가난에서 벗어나, 이제 상위 카스트에 경제적으로 의존하지 않고 오히려 그들과 경쟁하고 있다. 이러한 변화는 각종 채용과 입학 제도에 도입한 할당제의 효과이며, 달리트 출신들이 만든 그들만의 상공회의소나 벤처기업들은 성공의 발판이 되고 있다.

경제적인 면에서뿐만 아니라 정치 분야에서도 달리트는 더이상 소외된 존재가 아니며, 그들 자신만의 이익 추구를 위해 정당을 운영하고 사회 세력을 조직화하고 있다. 특히 이들은 이웃들과 섞이는 데 주저하지 않고, 주류 사회에 들어갈 수 있다면 새로운 삶의 방식을 언제든 선택할 준비가 되어 있다. 이러한 의식

변화와 활동에는 인터넷 발전도 한몫하고 있다. SNS를 통해 사회 문제에 관한 토론이 활발하게 이루어지고 있으며, 이 같은 공론장에서도 달리트들이 다른 공동체들과의 연합을 적극적으로 시도하고 있다.

한편 2019년 총선 이후 모디 총리가 경제적 최하층민에 대해 10%의 쿼터 할당을 추가함으로써 전체 국민의 59%가 배려 쿼터의 대상이 되자, 일부 서방 언론은 거의 모든 국민이 쿼터의 대상이라고 보도하기도 했다. 59%가 '거의 모든 국민'이라는 것은 분명 과장된 표현이며, 더구나 이러한 보도들은 견고한 카스트 제도를 변화시키기 위한 인도 정부의 고뇌와 노력을 간과하고 있다. 이렇게 어려운 문제를 인도 사회가 어떻게 잘 풀어갈지는 좀 더 지켜보아야 할 것이다. 성공한 달리트 출신 기업인들이 많이 나오고 달리트 출신의 대통령이 두 명이나 나왔다고 해서(1997, 2017년) 전체 천민계급의 인권과 경제력이 하루아침에 향상되는 것은 아니기 때문이다.

또한 뿌리 깊게 박힌 편견을 어떻게 극복하느냐는 것도 인도인 모두에게 던져진 어려운 숙제이다. 이런 전근대적 편견은 교육받은 지식인들도 벗어버리기 쉽지 않아 보인다. 필자와 속내를 터놓고 대화해온 어느 각료는 "야당인 국민회의당의 수많은 상위 카스트 출신 의원들은 하위 카스트 출신인 모디 총리를 인정하려고 하지 않지요"라면서 2016년 정부를 공격하는 야당 인사들의 속마음은 정부 정책 때문이 아니라고 했다. 수십 년 전에 졸업한 출신 학교를 아직도 따지고 있는 한국 사회가 오버랩 되었다.

카스트는 분명히 무너지고 있다. 그러나 이에 대한 사회의 전통적, 관습적 저항도 분명 존재한다. 따라서 카스트는 와해하는 과정에서 쌓인 눈이 깨끗이 녹지 않듯 독특하고 묘한 유습(legacy)을 남길 것이다. 어떤 유습으로 남을지에 대한 예측이 쉽지 않은 것은 너무나 많은 기득권과 정치적 고려, 오래된 관습이 함께 작동할 것이기 때문이다. 결국 개혁을 통한 경제적 불평등 해소, 공평과 정의에 대한 가치를 부여, 확산해가는 대중 교육이 관건이 아닐까 생각해 본다. 세계화로 나가면서 인도 사회가 더 개방되는 것도 완고한 카스트를 무너뜨리는 데 일조를 할 것이다.

떠오르는 중산층

시대적 통계 기준에 따라 다르겠지만, 현재 한국 국민의 60% 가 중산층으로 분류된다. 국민의 중산층을 흔히 민주주의의 버팀목으로 여기는데, 실제로 효율성과 정당성이 함께 갖추어진 성공적인 거버넌스를 만들기 위해서는 교육받은 중산층이 탄탄한 다수(critical mass)가 되어야 한다. 그러면 과연 인도의 중산층은 14억 인구 중 얼마나 될까?

도이치뱅크(Deutsche Bank)는 2010년 기준 인도의 중산층은 약 3천만~3억 명에 이른다고 추정하였다. 2017년 9월 방한한 프레부 당시 상무장관은 한국 언론과의 인터뷰에서 2억에 이르는 중산층의 구매력을 보고 인도에 투자하라고 권유했다. 인도의 중산층이 얼마인지는 정확히 알 수 없지만, 높게 잡아도 4억을 넘었다는 통계는 2019년 현재 아직 없다. 이는 전체 인구의 25%도 안 되는 숫자이며 후하게 보아도 30% 정도라는 것이 정설이다. 더군다나 농촌으로 가면 3%도 안 되는데, 이 정도로는 사회의 균형추 역할을 하거나 발전의 원동력이 되기에 부족하다.

그렇다면 과연 인도의 균형추가 될 만큼 많은 중산층은 언제

쯤 나올 것인가? 그 시기를 가늠하는 데에는 '소득과 교육'이 중요한 지표이다. 거기에 얼마나 많은 인구가 빈곤층으로 남아있는지, 이들이 중산층으로 성장하는 움직임은 있는지, 이 역시 눈여겨보아야 할 점이다. 또한 인도 정부는 어떤 청사진을 가졌는지도 주목해야 한다.

여기서 필자는 인도의 높은 교육열에 주목하고자 한다. 매일 아침 배달되는 신문에는 빠짐없이 과외공부 광고 전단이 끼어있고, 건물 외벽마다 과외수업 연락처 메모지가 다닥다닥 붙어있다. 세계의 거의 모든 국제학교나 아메리칸스쿨에서는 한국 학생들이 늘 최상위 성적을 거두고 있는데, 인도에서는 쉽지 않은 이유가 인도 학생들은 과외수업까지 받으면서 학과공부도 철저히 하기 때문이다.

인도 사회는 교육의 중요성을 인식하고 교육

인도의 신문 과외 광고

에 대한 높은 열망을 보이며, 실제 교육을 통한 수많은 성공사례가 나오고 있다. 교육은 카스트 사회의 제약을 넘어서는 신분 상승의 길이 된 것이다.

하지만 현실은 녹록지 않다. 인도의 문자 해득률은 2011년 사회인구조사에서 74%에 그쳐 문맹 인구는 3억 명을 넘어서며 더군다나 남녀 간, 도시와 농촌 간의 격차가 크다. 그러나 이 차이를 긍정적인 시각으로 보면 현재 진행되고 있는 급속한 도시화로 문맹이 빠르게 퇴치될 수 있다는 의미이기도 하다. 희망적인 것은 젊은 층(15~24세)의 문자 해득률은 84%를 이미 넘어섰다는 통계이다.

2016년 인도의 실리콘 밸리라 불리는 벵갈루루(Bengaluru)를 방문하였다. 이 도시는 인도의 발전을 상징하는 곳이다. 2004년 토머스 프리드먼(Thomas Friedman)이 벵갈루루를 방문하고 최첨단 글로벌 기업 인포시스의 CEO를 만나고 나서 《세계는 평평하다(The World is Flat)》라는 책을 썼다. 휴렛팩커드(Hewlett Packard) 등 많은 다국적 기업들이 인도 지역센터나 연구소를 벵갈루루에 두고 있는데, 이곳으로 몰리는 인도의 저렴하고 우수한 두뇌를 활용하기 위해서이다. 삼성전자도 직원이 5천 명이나 되는 연구소를 운영하고 있다. 당연히 여기에 거주하는 인도인들은 고

인도의 실리콘밸리 벵갈루루 전경. 다국적 기업들이 몰려 있다.

소득의 새로운 중산층으로, 이들은 높은 구매력에 정치적 관심도 큰 전형적인 선진국 중산층의 모습이다.

중산층의 성장은 인도 경제와 정치 지형에 큰 영향을 미치고 있다. 이들은 정실자본주의와 부정부패로 성장한 기업들에 대해 부정적인 태도를 보이고, 훌륭한 지배구조(good governance)를 지향하며, 정부의 신뢰와 투명성을 촉구한다. 또한 정부와의 대화를 원하며 정치 과정에 참여하기를 원한다.

2015년 델리주에서 보통사람의 당을 표방한 AAP(Aam Aadmi Party)가 주 정부를 장악한 것은 중산층이 정치의 중심 세력으로 등장할 준비가 되어 있다는 것을 보여주는 사례다. AAP의 힘은 도시 중산층인 엔지니어들과 변호사들, 언론인들과 여러 전문가에게서 나온다. 당초 그들은 어떤 정당에도 포함되지 않으며 심지어 반(反)정당주의를 표방했으나, 이제는 정당을 직접 결성하여 활동하고 있다. 전통적 가치에서 벗어나 현대 사회에서의 세속적 성공을 추구하는 중산층이 성장하면서 인도는 정치, 사회, 경제의 여러 방면에서 빠르게 변화하고 있다.

중산층 가운데서도 여성과 젊은이들의 역할은 더욱 두드러진다. 특히 여성들은 구습을 벗어나 가정과 사회 내에서 보다 자유롭고 평등한 관계를 적극적으로 주장하고 있으며, 청년들은 서구적 생활양식과 가치관을 받아들이며 카스트 제도와 같은 낡은 구습에 저항하고 있다.

그러나 대중 교육 인프라는 아직도 정부의 투자가 부족하여 여전히 취약한 상태이다. 델리의 좋은 공립학교도 시설만 보면 우리나라의 1970년대 고등학교를 연상케 하는데, 학교 운영도 비효율적이고 교사도 절대적으로 부족한 실정이다. 그러다 보니 사교육 시장이 발달할 수밖에 없고 3억의 중산층을 대상으로 한 학원들의 마케팅 경쟁도 치열하다. 우리나라의 몇몇 방문학습지, 온라인 교육, 유아교육 업체들이 이미 인도 시장에 진출하였는데, 드라마 〈스카이캐슬〉에 등장하는 한국 학원들의 경쟁력이면 인도에서도 성공할 만하겠다는 생각이 들었다.

국민의 절대 빈곤층을 줄이기 위한 노력은 어느 국가에나 중요하다. 인도가 경제 발달에 필요한 두터운 중산층을 어떻게 만들 것인가? 그리고 절대 빈곤 인구를 어떻게 감소시킬 것인가? 모디 총리는 젊은이들의 기술 교육에 초점을 맞춘 '스킬 인디아(Skill India)' 정책을 내놓았다. 제조업 강화 방안인 '메이크 인 인디아(Make in India)' 정책도 빈곤층 인구를 제조업에서 흡수하여 빠른 속도로 빈곤층을 감소시키는 데 큰 역할을 할 것으로 보인다. 인도 사회의 큰 문제점인 강간 범죄에는 여성보다 많은 남성 인구, 특히 결혼 기회조차 없는 절대 빈곤층 남성들의 상황도 한 요인일 것이다. 따라서 왜곡된 성(性) 의식의 변화와 함께 절대 빈곤이 해소되면 강간범죄도 어느 정도 줄어들 것으로 기대된다. 유엔의 빈곤층 정의(하루 2달러 미만 생활)에 따르면 인도의 절대 빈곤층은 약 7천만 명(2019년) 정도로 추정된다. 이는 2011년 통계에서 3억 명 이상이었던 것에 비하면 괄목할 만한 성과이다.

유엔은 인도의 이러한 절대 빈곤층 감소 정책을 높이 평가하고 있다. 그러나 광의의 빈곤층은 아직도 3억 명 정도로 추산되며, 빈곤층을 줄여나가는 것은 인도의 중산층을 성장시키는 관건이 될 것이다.

양적으로 성장한 중산층이 사회를 모범적으로 이끌어가는 건전한 중산층으로 자리잡는 것도 중요한 과제이다. 베르사유 궁전에서의 초호화 결혼식으로 전 세계 언론의 주목을 받았던 릴라이언스 그룹의 무케쉬 암바니(Mukesh Ambani) 회장의 예도 있지만, 델리 시내에서도 호화 결혼식을 자주 볼 수 있다. 우선 결혼식 초청장부터 호화스럽다. 화려하게 포장된 상자 안에 선물과 함께 초청장이 들어있다. 2016년 어느 장관급 인사의 아들 결혼식에 갔다가 그 호화스러움과 수많은 하객을 보고 놀란 적이 있다. 필자가 두 번 만나면서 인도 사회의 문제에 관해 허심탄회하게 이야기를 나누었던 달리트 출신의 하원의원조차도 자신의 생일잔치에 오라고 하면서 최소한 5천 명이 오는 큰 잔치가 될 것이라고 하는 것이 아닌가? 그 의원과는 사회 정의 구현에 관해 이야기하던 터였기 때문에 허망한 느낌을 지울 수 없었다.

앞으로 인도 사회에 건전한 중산층이 더 커지고 이들이 경제발전의 버팀목 역할과 사회를 이끌어가는 도덕적 지주로 발전해 나가려면, 이러한 최상위 부자들의 과시 문화가 사라져야 할 것이라는 생각이 들었다. 부자들의 과시욕이 사회 전반의 허세로 전이되는 것은 안타까운 일이다. 다행히 필자가 델리에서 만나 이야기를 나누었던 빠듯하지만 건실하게 살아가는 전문직 젊은이들은 이런 문제에 대해서도 잘 알고 있을 뿐 아니라 매우 비판적이었다. 이들은 경제성장뿐 아니라 명예살인이나 조혼과 같은 낡은 풍습을 변혁하고 사회의 합리화를 이끌 주역이다. 이들처럼 사회제도를 합리적으로 개혁해 나가려는 사람들이 많아져서 건전한 중산층 문화를 선도하고 인도 사회의 변화를 만들어나가기를 기대해 본다. 통계적으로 보아도 지금과 같은 경제성장이 지속된다면 다음 10년 동안에 중산층이 대폭 확대될 것이다.

만시지탄 문맹 퇴치

높은 교육열에도 74%를 넘지 못하는 인도의 문자 해득률은 중국의 99%, 스리랑카의 98%에 비하면 상당히 낮은 수치이다. 다만 젊은 층의 문자 해득률이 86%에 이른다는 사실은 문맹 문제 역시 크게 변화하고 있음을 나타내는 것이어서 고무적이다.

1960~70년대 가난에서 벗어나려는 우리 국민 개개인의 단합된 의지가 한국 경제 발전의 밑바탕이 되었던 것처럼, 인도 또한 사회 피라미드의 밑 부분을 차지하는 3억 명이 문맹에서 탈출하여 경제 발전의 견인차가 될 수 있게 하는 것이 최우선 과제일 것이다. 어느 사회나 마찬가지이지만 가난의 대물림에서 벗어나는 것은 결코 쉬운 일이 아니다. 빈곤층 자녀 중에는 초등교육을 받다가도 부모의 압력으로 집안의 생계를 위해 학교를 떠나 길거리에서 물건을 팔거나 사무실에서 잔심부름 일을 해야 하는 경우가 많으므로 취학률은 계속 낮을 수밖에 없다. 더욱이 이러한 아이들을 수용할 만한 교육 인프라가 충분하지 못한 난제는 정부가 과감한 정책을 시행하고 넉넉한 예산을 투입해야만 해결할 수 있다.

이러한 상황에서 인도 정부가 교육 인프라의 확충에 우선순위를 두기 시작한 것은 대단한 변화이다. 정부 교육 예산의 많은 부분이 인도공과대학(IIT)이나 네루대학(JNU) 등 명문대학 지원에 사용되어 왔으나 앞으로는 초·중·고등학교, 특히 지방 학교에 많이 지원될 것이라고 한다. 현재까지는 대부분 지방 학교의 경우 예산 부족으로 교사 정원의 50%도 못 채우고 있는 것이 현실이다.

아울러 최근 사립학교가 많이 늘어나는 것도 인도 교육의 장래를 밝게 하는 요인 중의 하나이다. 2016년에 델리 빈민촌에 있는 한 초등학교를 방문했는데, 한국에서 인도 요리 전문점을 경영하는 한국인이 5년 전부터 운영하는 사립학교였다. 주로 저소득층 자녀들인 정원 180명의 학생에 교사가 11명이나 되고, 재학

생들에게 교복은 물론 간식까지 제공해서 인기가 높다는 설명이었다. 영어로만 수업하고 태권도 교육도 하여 이 학교로 전학을 희망하는 학생들이 줄을 섰다고 했다. 필자가 인도 교육부 관리에게 자랑했더니, 그는 그러한 사립학교 덕분에 인도의 공교육도 바뀔 수밖에 없을 것이라면서 몇 번이나 고맙다는 인사를 했다. 실제로 최근에 영어로만 가르치는 사립학교가 많이 설립되었고 적지 않은 성공사례가 나오자, 대다수 학생이 사립학교로 전학을 희망하고 있어 공립학교가 긴장하고 있다고 덧붙였다.

　한편 사립학교가 주도하여 교육하는 영어는 신분 상승의 수단으로 떠오르고 있다. 정부와 대기업의 거의 모든 회의는 영어로 진행되고 있어, 이제 인도의 영어교육은 필수적으로 되어가고 있다.

인도의 초등학교

인도에는 단과대학을 포함하여 3만여 개의 대학이 있다. 이 중에 국립대학과 주립대학이 400여 개이고, 중앙정부는 델리대

인도의 대학 전경

학, 네루대학 등 종합대학과 인도공과대학(IIT)과 같은 중요 연구 기관을 직접 관리한다. 대학 학비는 국립의 경우 연간 400달러 정도에 불과하다. 네루 총리가 과학기술을 중시하여 설립한 IIT 는 전국에 23개가 있으며, 사립 공과대학과 함께 매년 10만 명 이상의 엔지니어를 배출하고 있다. 아직 대학 진학률은 낮은 편 이나, 교육 열기는 높아서 상위권 대학의 입학 경쟁은 치열하다. IIT에 낙방하면 미국 매사추세츠공과대학(MIT)에 장학생으로 간 다는 우스갯소리가 있을 정도이다.

이들 대학의 시설은 비록 낙후되었지만, 미국이나 중국 못지 않은 유능한 엔지니어를 배출하기로 정평이 나 있다. 또한 전국 상위 1% 내의 수재들이 입학하는 명문대학이며, 노벨상 수상자 도 여럿 배출하였다. 이는 엘리트 교육기관에 대한 정부투자의 효과로 볼 수 있다. 네루대학과 델리대학을 방문할 때마다 높은 학문 수준과 열띤 토론 문화를 보면서, 한국 유학생들이 좀 더 많 이 왔으면 좋겠다는 아쉬움을 느끼곤 했다.

최상층 엘리트의 실력이 세계 최고 수준인 인도는 이제 일반 학생들을 위한 교육 인프라 확충에도 점차 더 힘을 쏟고 있다. 인도는 인구의 50% 이상이 25세 이하이며 35세 미만의 인구는 인구 전체의 70%에 이르는 매우 젊은 나라이지만, 교육을 받지 못한 인구가 여전히 많다. 교육받을 여건도 안 되는 빈곤층 인구의 증가는 경제성장의 원동력이 아니라 사회 갈등만 심화시킬 것이다. 이들에 대한 교육 접근성을 높임으로써 기업 활동과 경제성장에 필요한 역량을 갖춘 인재를 육성하는 것은 인도가 직면한 절대적인 과제이다.

인도 정부는 최근 균형 발전과 포괄적 성장을 위해 젊은 층에 대한 교육 기회 확대와 일자리 확보에 필요한 실업교육 강화정책을 추진하고 있다. 초등학교 지원 예산을 늘리고 있으며, 15~25세를 위한 1~2년 과정의 직업기술 훈련학교를 전국적으로 많이 세우고 있다. 이들 단기 기술학교에서는 약 1억 명의 젊은이들을 기술 인력으로 배출하기 위한 교육을 하고 있다. 또한 남아선호사상으로 인한 남녀 성불균형의 부작용을 해소하기 위하여 여성교육도 강화해 나가는 정책을 발표하고 있다.

우리나라는 보편성 교육의 대표적인 성공사례이다. 국민 전체의 평균 수준이 우리처럼 높은 나라는 찾기 쉽지 않다. OECD의 PISA(국제학업성취도 평가)에서 한국 청소년들(만 15세 기준)은 항상 최상위권이지만, 유감스럽게 한국 대학의 세계 순위는 높지 않음을 볼 때, 수월성과 보편성 중 어디에 교육의 중점을 두어야 할지는 항상 풀기 어려운 문제이다. 이제 수월성에 중점을 두어

온 인도가 보편성에도 관심을 기울이고 있는 것은 뒤늦게나마 엘리트 교육 못지않게 전체 국민의 교육 수준이 중요하다는 공감대가 형성되었기 때문이다. 비록 늦었지만 머지않아 인도의 많은 인구가 문맹에서 탈출하게 될 것이다.

#5

종교적이고 세속적인 인도

간혹 인도에 와서 생을 마감하겠다는 한국인들이 있다. 2015년에는 히말라야 근처에서 한국인이 사망하여 영사가 급파된 적도 있었다. 죽음을 기다리는 곳, 바라나시의 장례 문화는 어설프게 보이지만 분명 생과 사의 경계선을 보여주는 듯하다. 대부분 인도인은 죽은 후 화장하여 그 재가 갠지스강에 뿌려지면 다음생에 더 좋게 태어난다고 믿는다. 그만큼 인도는 이승과 저승이 가깝게 통하는 영성의 땅으로 세계인들에게 인지되어 왔다.

2016년 부산 국제영화제에서 상영되었던 〈바라나시(Hotel Salvation)〉라는 인도 영화가 있다. 죽을 때가 되었으니 바라나시로 가겠다고 고집을 피우는 아버지와 화장터 옆 여관에서 마지막 시간을 보내는 부자간의 행로가 잔잔한 감동을 주는 영화였다.

이러한 영성의 이미지는 인도가 힌두교와 불교의 근원지라는 데에서 기인하는 것이 아닐까 생각한다. 종교적 가치를 존중하

대부분의 인도인은 죽은 후 화장하여 그 재가 갠지스강에 뿌려지면 다음 생에 더 좋게 태어난다고 믿는다.

는 인도인의 모습은 곳곳에서 찾아볼 수 있다. 힌두교 사원에서, 또 갠지스와 야무나, 사소띠 3개 강이 합류하는 알라하바드에서 개최되어 1억2천만 명의 순례자가 참가하는 마하 쿰 멜라 축제에서, 바라나시 화장터에서, 비틀스의 방문으로 유명해진 힌두교 수행 공동체 아쉬람에서 영성을 강조하는 인도인의 모습을 엿볼 수 있다.

마하 쿰 멜라 축제와 갠지스강 풍경

**비틀스의 방문으로 유명해진
힌두교 수행 공동체 아쉬람**

모든 행사를 등불 점화로 시작하는 풍습 또한 영성을 강조하는 데에 기인한다. 행사에 참석해 등불을 붙이다 보면 항상 한국의 '혼불'이 생각났다. 점등과 비슷한 것이 인도 여성들이 양쪽 눈 사이에 찍는 붉은 점이다. 이는 신성한 우주를 상징하는 것으로 '빈디'라고 부른다. 큰 행사장에 가거나 고급 호텔에 도착하면 영접하는 사람들이 붉은 가루를 미간에 찍어준다.

인도의 불꽃 축제인 디왈리 축제

인도 여성들은 양쪽 눈 사이에 빈디라는 붉은 점을 찍는다.

타지마할은 인도가 자랑하는 건축물로 무굴제국의 황제 샤자한의 왕비 뭄타즈 마할을 추모하여 17세기 중반에 지은 궁전 모양의 무덤이다. 이스탄불 출신의 건축가 이스마일 에펜디가 2만 명의 인도 장인들을 동원하여 이슬람 건축 양식에 따라 건물과 장식 문양을 모두 완벽한 좌우대칭으로 지었다. 그런데 타지마할을 방문했을 때, 인도 문화재청 소속의 안내인은 필자를 타지마할의 뒤편 한구석으로 데리고 갔다. 빨간색과 파란색 문양으로 장식된 20㎠쯤 되는 주춧돌이 계속되는 가운데 하나의 돌에 눈에 쉽게 띄지 않는 비대칭 문양이 있었다. 건축가는 모든 구조를 완벽한 대칭으로 설계했지만, 인도 장인은 그같이 '완벽한' 것은 신에 대한 도전으로 생각하여 몰래 비대칭 무늬를 만들어 넣었다는 것이다. 평범한 인도인들의 신에 대한 외경심을 느낄 수 있었다. 정말로 신을 두려워한다면 도저히 할 수 없는 말과 행동

타지마할

을 일삼는 종교 지도자들보다 훨씬 더 종교적인 사람들이라는 생각이 들었다.

　이런 반면에 최근에는 '구루(힌두교·시크교의 스승이나 지도자) 경영학'이란 말도 생겨났다. 전통 구루들이 종교 스승 역할에만 그치지 않고 사업가로 변모하고 있는 현상에서 비롯된 것이다. 요가 구루들은 웰빙에 대한 관심과 인도 전통의학 자연치료요법 '아유르베다' 열풍을 타고 비즈니스맨으로 변모하고 있다. 요가 구루 바바람데브가 2006년 창업한 소비재 기업 파탄잘리(Patanjali)는 치약과 화장품, 과자 등 700여 가지 제품을 생산하고

판매한다. 델리 공항에 내리면 수염을
기른 구루의 대형 입간판과 샴푸부
터 화장품까지 온갖 생활용품을
전시해 놓은 파탄잘리의 판매 코
너가 눈에 띈다. 안내서에는 아유
르베다 자연요법과 함께 샴푸가 인도
의 발명품이라는 설명도 빠지지 않는다.

인도 소비재 기업 **파탄잘리 창업자
구루 바바람데브**

이러한 구루 마케팅 덕분에 파탄잘리의 지난해 매
출은 10억 달러를 넘어섰다고 한다. 영적 수행을 하는 아쉬람도
적극적으로 외국인 관광객들을 유치하고 있는데, 이러한 모습은
줄리아 로버츠 주연 영화 〈Eat, Pray, Love〉에도 잘 나타나 있다.

　일반적으로 알려진 종교적인 인도와는 어울리지 않지만, 인
도인들의 상업 문화를 보면 돈에 대한 집착이 여느 나라 못지않
다. 더구나 인도의 경제가 빠르게 성장하면서 돈이 다른 가치보
다 우선한다. 사실 힌두교는 원래 현실주의적인 성향이 강하고
부와 쾌락에 대해서도 너그러운 입장이다.

　힌두교가 인생에서 추구하는 네 가지 가치를 보면 그 이유를
알 수 있다. 처음은 인간으로서의 애착과 욕망을 인정하며, 여기
서 오는 쾌락을 추구하도록 허용한다. 그다음 단계는 인간의 소

유 본능을 인정하고, 권력과 재산에 대한 욕구를 추구하라고 한다. 셋째는 이러한 쾌락과 부를 추구하는 데에 지켜야 할 도덕률을 제시한다. 끝으로 어느 단계에 이르면 '버리는 길'을 좇아서 구원과 해탈을 하는 것이 인생의 최고 목표가 되는 것이다. 그러므로 부와 쾌락은 부정되어야 할 것이 아니라 마지막 단계로 가기 위한 하나의 과정으로 이해된다.

#6

요가의 정치학

요가는 자세와 호흡을 가다듬어 정신을 차분히 하고 궁극적으로 초자연적인 힘을 얻어 깨달음을 얻고자 하는 인도의 전통 수련법이다. 초기의 요가는 힌두교 브라만 사제들의 득도를 위한 수행 방법으로 사제들만 요가 수행을 할 수 있었다. 그러나 확산 과정에서 종교 수련법의 색채는 많이 사라지고 하나의 운동 방법으로 각광 받고 있다. 이제 요가는 정치적으로도 활용되어 인도 정부는 국가 브랜드 이미지를 위해 요가 홍보에 적극적이며, 요가 부흥을 위한 노력도 매우 체계적으로 진행하고 있다.

세계 각 도시에서 열리는 요가의 날 행사

모디 총리의 제안으로 2014년 유엔총회는 6월 21일을 '국제 요가의 날'로 지정하였다. 2015년 6월 21일 모디 총리의 진두지휘 아래 델리에서 요가의 날 행사가 개최되었고, 3만5천 명이 함께 요가를 하는 진기한 장면이 연출됐다. 이는 기네스북에도 등재되었다. 외교부는 전 세계 인도 대사관을 활용해 요가 지침서를 배포했고, 플래시몹(flashmob)처럼 세계 각 도시에서 요가를 하는 행사가 열렸다. 인도 정부는 요가 수행에 탁월한 재능을 발휘하는 군인에게 요가 메달을 주고 이들을 요가 마스터로 훈련해 전국 각지에 요가를 확산시키는 인적 자원으로 활용하겠다는 계획을 발표하기도 했다.

면담하면서 알게 된 경제 부처의 한 고위 관리가 외국인들에게 알려진 요가들은 모두 지나치게 서구화되거나 일종의 스포츠로 변모한 엉터리라면서 특별히 자신의 전통 요가 강사를 소개해 준 적이 있었다. 외국 대사에게 인도 문화의 참모습을 알려주려는 선의 덕택으로 전통 요가에 관해 좀 더 공부하게 되었다. 한참 시간이 지난 후 뜻밖에도 이 고위 관리로부터 우리 기업의 어려움을 해결하는 데 큰 도움을 받기도 하였는데, 이를 계기로 인도 사회 내에 요가를 매개로 한 끈끈한 공동체가 존재한다는 것도 알게 되었다.

실제 요가에는 수많은 방식이 존재한다. 델리 시내 한복판의 로티 공원을 걷다 한 무리의 사람들이 모여 크게 웃고 있는 것을 본 적이 있다. 궁금해서 가보니 소위 '웃음 요가'라는 것이었다. 서로 손을 잡고 큰 원을 만든 후 돌아가며 '우리의 행복을 위해 다 함께 웃어요!'라고 소리치면 모두가 배에 힘을 잔뜩 주고 큰 소리로 웃는 것이었다. 그러면 다음 사람은 '우리의 건강을 위해 다 함께 웃어요!'라고 한다. 크게 웃으면 횡격막을 자극하여 건강에 좋다는 말이 있는데, 이유가 무엇이건 간에 많이 웃는 것이 좋은 일이긴 할 것이다. 이처럼 약간은 '이런 것도 요가인가'라는 생각이 드는 것에서부터 종교적 색채가 아주 강한 것까지 요가의 세계는 그야말로 무궁무진하다.

요가가 힌두 브라만의 종교 수행법으로부터 시작됐다는 사실 때문에 인도 정부의 요가 부흥을 힌두 근본주의의 또 다른 현상으로 보는 우려 섞인 시각도 있다. 일부 무슬림들은 모디 정권이 요가를 위장막으로 활용하여 힌두교를 다른 종교의 신도들에게 강요한다는 불만을 제기한다.

그러나 인도 정부는 요가가 불필요하게 정치화되고 종교 간 분쟁의 소지가 되는 것을 극히 경계한다. 모디 총리는 유엔총회 연설에서 "요가는 단순한 힌두교 전유물이 아닌 고대 인도 전통의 값진 유산"이라고 말했다. 외교부는 국제 요가의 날 지정을 제안하는 유엔 결의안에 47개 이슬람국가도 찬성했다는 사실도 적극적으로 홍보한다. 요가 부흥 운동을 주관하는 보건부는 요가를 수행할 때 힌두교의 색채가 강하다고 느낄 수 있는 특정 동작을 반드시 하지 않아도 된다고 안내한다. 예를 들어 우주에서 나오는 소리를 흉내 내며 우주의 기(氣)와 자신을 일치시키는 "오~옴~"이라는 주문을 꼭 안 해도 된다는 식이다.

요가 부흥에 대한 해석은 다양하다. 단순한 인도 전통 문화의 재발견, 힌두 우경화라는 숨겨진 정치적 목적, 국가 브랜드 이미지를 높이려는 시도, 또는 상품 판매를 촉진하고자 하는 경제적 동인 등 여러 가지로 해석할 수 있다. 요가 하나를 둘러싸고 이렇

게 인도 사회의 복잡한 정치 지형과 상인의 장사 수완까지 더해
진 여러 가지 해석이 가능하다는 사실은 인도 사회의 다양성과
역동성을 보여주는 또 하나의 징표이기도 하다.

#7

다신교 힌두교와 힌두 사회

　힌두교의 특징은 다신교로서 3천만
가지 신의 존재를 믿는다는 것이다. 간
혹 3억 가지가 넘는다는 주장도 있다.
모든 힌두교도는 가깝게 느끼면서 기
도하는 각자의 신을 가지고 있으며, 그
중 다수는 대서사시 마하바라타의 영
웅 크리슈나를 섬긴다. 상인들은 대개
부(富)의 신이며 인간의 몸에 코끼리 머
리를 가진 가네샤를 믿는다. 각각의 사
람마다 그 안에 신이 있다고도 믿는다.
　인도인들의 '나마스테'라고 하는 합

힌두교의 대표적 신, 크리슈나

부의 신이며 인간의 몸에
코끼리 머리를 가진 가네샤

담벼락 위에 앉아 있는 원숭이 가족

장 인사는 상대방 안에 있는 신에게 하는 인사라고 하니, 조금 확대 해석하면 이론상 최소한 14억의 신이 존재하는 것도 가능하다. 원숭이 신 하누만을 자기 개인의 신이라고 하는 인도 친구가

원숭이 신 하누만.
지위가 낮은 하위 신이면서도
대중적으로 많은 사랑을 받고 있다.

있었는데, 이 하누만 신화가 중국으로 건너가 손오공의 이야기가 되었다고 한다. 하루는 면담을 마치고 나오는데 관청 담벼락 위에 앉아 있던 원숭이 가족이 필자를 물끄러미 내려보고 있었다. 신이 이 원숭이들의 눈으로 우리 인간의 모습을 살펴보

고 있는지도 모르겠다는 생각이 잠시 스쳐 갔다.

이러한 다신교적 믿음으로 인해 인도인들은 원래 남의 종교에도 너그럽다. 유엔에서 주관한 세계 종교 지도자들의 국제행사인 〈종교 간 대화〉에서 가톨릭 추기경과 이슬람 이맘 등 종교인들이 '관용(tolerance)'에 대해 강조하자, 힌두교 학자인 라지브 말호트라는 "누가 타인의 관용 대상이 되기를 바라겠는가? 모든 종교에 구원의 길이 있다고 선언해 보라"라고 하였다. 아무리 겉

힌두교의 봄맞이 축제인 흘리. '색의 축제(Festival of Colors)'라고도 한다.
길거리에서 모르는 사람끼리 색분과 물감을 던지며 함께 어울린다.

으로는 관용을 이야기한다고 해도 진심으로 상대방의 종교를 인정하지 않는다면, 종교 갈등은 해결될 수 없음을 날카롭게 지적한 발언이었다. 힌두교는 자신뿐 아니라 다른 모든 종교에도 신에 이르는 길이 있다고 믿는다는 것이다. 이러한 다신교의 원리에 따라 다른 종교와도 비교적 잘 공존해온 전통은 상대적인 너그러움의 정신으로 나타난다. 인도 사회는 크리스마스를 비롯하여 이슬람 축제 등 모든 종교 축제를 함께 즐기는 데 거리낌이 없다.

그러나 이러한 포용의 정신, 다원적 접근에도 불구하고 현실 세계에서는 무슬림을 박해하고 살해하는 사건이 일어나는 것은 어떻게 설명할 수 있을까? 이는 오늘날 힌두교의 새로운 도전 요소이기도 하다. 힌두교는 민족주의와 결합하면서 다른 종교와 민족에 대한 배타성을 띠게 되었다. 1947년 독립 당시 천만 명 이상의 무슬림들이 파키스탄으로 이주해 갔지만, 인도를 조국으로 택한 무슬림과 그들의 후손이 이미 인도 전체 인구의 약 15%인 약 2억 명에 이르고 있다. 이러한 무슬림을 차별하는 것이 어떤 결과를 가져올 것인가? 극단적인 대립이 일어나는 경우 과연 인도 사회가 이러한 대립과 갈등, 나아가서는 폭력사태와 테러를 감당할 수 있겠는가? 인도의 지식인들은 일부 정치인들이 내세우고 있는 힌두 원리주의적 주장이 무슬림에 대한 박해로 이어지는 것을 우려하고 있다. 최근 인도 정부가 방글라데시 북부에 위치한 아쌈주 주민들의 신분을 전수 조사하여 호적이 없는 3백만에 이르는 무슬림들을 색출했다는 보도가 있었다. 이들이 실제로 방글라데시로 추방될지는 지켜보아야 하겠지만, 조사만으로도 분명히 갈등을 유발한다는 비판을 받고 있다.

인도에서의 종교 갈등은 오랜 역사를 갖고 있다. 무굴제국의 초기 지도자들은 힌두교도들을 포용하는 정책을 폈다. 그러나 무굴제국 절정기의 황제로서 타지마할을 건축한 샤자한은 종교적 관용 정책을 폐기하였다. 무슬림을 우대하고 힌두교도들을 핍박하면서 사실상 두 종교의 반목이 시작되었다. 이어 영국도 이러한 종교 간의 갈등을 '분열시켜 통치한다'라는 통치 수단으로 이용하였다.

최근 인도 내부의 종교적 갈등을 잘 보여주는 사건이 바로 바브리 이슬람 사원(힌두교의 라마 사원)과 관련한 분쟁이다. '라마'는 비슈누 신의 일곱 번째 화신인데, 힌두교도들은 이슬람 왕조인 무굴제국 초대 황제 바부르가 1528년 라마 탄생지의 사원을 허물고 바브리 이슬람 사원을 세웠다고 주장하며, 라마 사원 복원 운동을 펼쳐 왔다. 1992년에는 과격 힌두교도들이 바브리 사원을 파괴하면서 대규모 유혈 충돌이 발생하여 2천여 명이 사망하기도 했다. 2002년 고등법원이 사원 분쟁에 대한 심리에 착수하면서 이 문제를 법적으로 해결하기 위한 절차가 진행되었는데, 법원은 2010년 바브리 사원의 부지가 힌두교의 성지임을 인정하면서도 소유권을 힌두교 측과 이슬람교 측에 2:1로 분할하라는 판결을 내렸다. 이에 양쪽 모두 불만을 품고 대법원에 상고하였고, 2019년 11월 인도 대법원은 '사원은 본래 힌두교의 소유이므로, 부지 전체를 힌두교 측에 주고 이슬람교 측은 모스크를 새로 짓기 위한 대체 부지를 받을 것'으로 판결하였다. 모디 총리는 판결 직후, 트위터에 이것은 어느 한 편의 승리나 패배가 아니라면서 인도 국민들이 사법절차를 존중하고 평화롭게 단결할 것을 촉구하였다. 힌두

바브리 이슬람 사원

원리주의자들이 이번 일로 고무되어 더욱 과격한 요구를 하게 될지, 이슬람교도들이 어떻게 반응할지, 이 판결은 인도의 종교 간 갈등이 잦아들게 되거나 심화되는 분기점이 될 것이다.

힌두교의 가장 널리 알려진 특징은 소를 신성시하는 것이다. 종교행사에 곱게 단장한 소를 앞세워 행진하는 모습도 흔하게 볼 수 있다. 또한 우유는 최고의 음식이라는 주장부터 소 오줌에 난치병을 치료하는 성분이 있다는 좀 터무니없게 들리는 이야기도 있다. 인도 대부분의 주에서는 소를 도축하거나 소고기를 판매하는 것을 금지하고 있다. 힌두교 신자의 비율이 낮은 동북부와

힌두 종교행사에 앞서 행진하는 단장한 소

남부의 몇 개 주에서만 예외적으로 소고기 판매가 허용되고 있을 뿐이다. 간혹 소고기를 먹었다가 폭행당한 사람들의 이야기가 언론에 보도되기도 한다. 인권단체인 〈Human Rights Watch〉는 2015~2018년간 소고기를 식용으로 판매했다는 의심을 받아 살해된 사람이 44명에 달하며, 이 중 36명은 무슬림이었다고 발표하기도 했다. 그런데 통계를 보면 인도가 브라질, 호주와 함께 세계적인 소고기 수출국으로 나온다. 무슨 까닭인지 알아보니 도축이 허용된 물소(water buffalo) 고기를 수출하기 때문이었다.

인도의 오래된 한두교 사원

힌두교의 영향은 사회 곳곳에서 발견된다. 가장 피부에 와 닿는 것은 절주, 채식 그리고 살생을 조심하는 것이다. 음주를 금하는 종교적 규율 때문에 인도인들은 술을 적게 마신다. 인도에는 중국의 마오타이, 고량주, 우량예와 같은 고유 브랜드의 주류도 없다. 한 가지 인도에서 나온 술은 진토닉이다. 그러나 사실은 이것도 영국인들이 말라리아 예방약으로 먹는 키니네가 너무 쓰니까 함께 마시면서 개발한 칵테일이다. 종교적 가르침은 사회 규범으로 이어져 결혼식 피로연에도 술을 제공하는 곳은 많지 않다. 호텔 피로연장에서 하객들이 술도 안 마시고 어찌나 흥겹게 춤추고 노는지 신기할 따름이다.

2016년 간디의 고향이며 모디 총리가 13년간 주총리를 지냈던 구자라트를 방문하였다. 여기서는 호텔에서도 주류 판매를 금지하고 있었으며, 간디처럼 채식주의자들이 많았다. 생명존중 사상이 채식 문화를 낳은 것이다. 채식주의자가 전체 인구의 20~30%나 될 정도로 많으므로 대사관저에서 만찬을 개최할 때는 초대 손님이 채식주의자인지 미리 확인하고 별도 요리를 준비해야 했다. 필자는 만찬 상대가 채식주의자이면 그와 똑같이 채소요리를 먹었는데, 상대방이 대개는 그렇게 신경 쓰지 말라고 하다가도 함께하는 배려에 고마워하곤 했다.

생명존중 사상은 살생을 조심하는 것에서도 볼 수 있다. 한 번은 차 안에 들어와 있는 모기를 잡으려 했더니 기사가 얼른 창을 열어 모기를 밖으로 내보낸 적도 있었다. 이와 같은 인도인의 오랜 종교성은 자본주의 사회가 발달하더라도 쉽게 사라지지 않을 것이다. 간디가 비폭력과 단식으로 독립운동을 이끌었던 것도 분명 인도의 종교적 전통과 연계되어 있다.

#8

힌두교와 공존하는 종교들

인도에는 힌두교 이외에도 다양한 종교가 있다. 구루 나낙이 16세기에 창시한 시크교 교리는 주목할 만하다. 시크교도는 '열심히 일하고 명상하고 베풀라'라는 교리를 실천하는 사람들로 알려져 있으며, 만민의 평등과 여성 존중을 통해 카스트의 혁신을 추구했다. 게으름을 죄악시하고 가난한 신도를 돕기 때문에 시크교도 중에는 거지가 없다고 자랑한다. 또한 모든 종교에는 신에 이르는 각자의 길이 있다는 종교관으로 포교나 전도는 금지되어 있다.

시크교 남성들은 터번을 쓰고 다니므로 어디서나 쉽게 표가 난다. 이들은 자기들이 북쪽에서 내려오는 침략자들을 항상 물리쳐 왔다며 용맹함을 자랑한다. 실제로 인도 인구의 2%밖에 안 되는 시크교도들이 군 장교의 10% 이상을 차지하고 있으며, 시크계 캐나다 국방장관도 나왔다. 2017년 터번을 쓴 이 국방장관이 인도를 방문하여 시크교 성지인 암리차르를 방문하는 모습이 인도 언론의 주목을 받았다.

1983년 당시 총리였던 인디라 간디가 시크교 출신의 경호원에 의해 암살당하는 사건이 일어났다. 발단은 시크교의 분리 독

시크교 창시자 구루 나낙

시크교도로서 2004년부터 10년간
인도의 경제개방을 이끈 만모한 싱 총리

순례자들로 붐비는 암리차르 황금사원

립을 추진하는 반군 단체가 시크교 성전인 암리차르 황금 사원을 점령하고 정부군과 대치하는 상황에서 인디라 간디 총리의 명령으로 정부군이 황금 사원에 진입, 반군을 진압하였기 때문이었다. 시크교도들은 이를 신성모독으로 받아들였고, 시크교 경호원이 총리를 암살까지 하게 된 것이다. 이 소식에 델리 시내에서는 흥분한 힌두교도들이 시크교도 수천 명을 죽이는 사건이 일어났다. 이 일로 인해 시크교와 힌두교가 서로 적대적이라는 인식이 생겼으나, 원래 시크교는 힌두교와 가깝다.

2004년부터 10년간 총리직을 맡아 인도의 경제개방을 이끈 만모한 싱 역시 시크교도이다. 시크교가 힌두교와 이슬람교의 중간이라는 이야기도 잘못 알려진 것이다. 종교의 원리는 물론 신도들 간에 서로 대하는 태도에 비추어, 시크교는 힌두교의 형제 종교라 할 수 있다. 필자는 2016년 순례자들로 붐비는 암리차르 황금 사원을 방문한 적이 있는데, 식탁도 없는 방에서 수백 명이 함께 식판을 앞에 두고 식사를 한 후 각자 식기를 닦는 모습에 깊은 감명을 받았다.

이슬람교는 12세기경 중앙아시아의 투르크족을 통해 본격적으로 인도로 들어왔다. 이슬람교도는 인도 전체 인구의 약 15%인 2억 명으로서 인도네시아에 이어 세계에서 두 번째로 이슬람 신자의 수가 많다. 이들은 대부분 수니파로서 오랜 세월 힌두교도들과 섞여 살면서 문화를 교류하였다. 이 과정에서 비폭력을 강조하는 수피 지파도 나오게 되었다. 1947년 독립 당시에 천만 명에 달하는 무슬림이 파키스탄으로 이주해 갔으나, 다수는 인도를 조국으로 택하였다. 대부분의 무슬림이 인도에 남은 이유는 지리적으로 먼 파키스탄이 외국처럼 생경하게 느껴졌던 탓도 있지만, 무엇보다 파키스탄은 이슬람 정교일치 국가였고 인도는 정치와 종교가 분리된 세속적인 국가를 표방했기 때문이라고 한다.

인도 무슬림에는 중동의 무슬림과 다른 인도적인 모습이 있

인도의 무슬림들

다. 필자는 인도 중부 군사령부를 방문한 적이 있는데, 라운지에는 파키스탄과의 전쟁에서 공을 세운 장교들의 명패가 걸려 있었다. 사령관은 무슬림 장교들을 특별히 소개하면서 인도에 대한 충성은 종교를 뛰어넘는다고 했다. 그러나 일부 극단적인 힌두 원리주의자들이 무슬림을 박해하면 그들도 변할 가능성이 있다고 우려하기도 하였다.

인도의 기독교도는 3천만 명 정도로 전체 인구의 2% 정도이다. 일찍이 예수의 12사도 중의 하나인 토마가 인도 남서부인 케랄라 지역에 와서 선교하며 7개의 교회를 세웠다는 이야기가 전해온다. 남동부의 첸나이에도 그중의 하나로 알려진 교회가 있다. 가톨릭은 6세기경부터 인도에 전래되었으며, 개신교는 주로 19세기에 들어오기 시작하였다. 기독교는 인도의 동북부에 집중되어 있는데, 나갈랜드와 미조람주에서는 기독교 인구가 주(州) 전체의 90%에 달한다. 한국에서 파송된 선교사들도 2016년 당시 400여 명이 인도 전역에서 활동 중이었다. 대도시에 있는 한국인 교회에서 목회하는 선교사도 있었지만, 대부분은 한국 모(母) 교회의 지원을 받으면서 현지 인도인들을 대상으로 선교 활동을 하고 있었다. 한국인 선교사들은 인도 정부가 비자 발급에 너무 까다롭다면서 대사관에 인도 정부와 교섭을 잘해달라고 부탁을 많이 해 왔다. 그러나 인도 정부는 이미 있는 교회에서 목사로 초빙받으면 문제없이 비자를 내주어도, 소속이 없이 선교사로 인도에 입국하는 데에는 부정적이었다. 이는 다신교인 힌두교가 다른 종교를 인정하더라도 선교하는 것은 곤란하다는 태도에서 기인한 것이다. 다른 종교에도 구원의 길이 있다고 믿지만, 바로 그런 이유에서 타인에게 개종을 권유하는 선교에 대해서는 비판적 입장인 것이다. 시크교에서는 자기 종교의 선교 활동도 아예 금하고 있다. 기독교에 대해서 호의적이었던 마하트마 간디도 유럽에서 파송된 선교사들에 대해서는 매우 비판적이었다고 한다.

불교는 기원전 3세기 아소카왕 시절에 인도 전역에 전파되었다. 나아가서 남쪽으로는 동남아 국가들, 동쪽으로는 일본까지 전해졌다. 전성기에 지어진 아잔타와 엘로라석굴을 보면 그 당시 얼마나 불교가 번성했는지를 알 수 있다. 아잔타석굴에는 불상들이 모셔져 있고, 엘로라석굴에는 불교뿐 아니라 자이나교의 신전도 함께 있다. 그 경이로운 모습에 넋을 잃고 바라보며 이는 단순히 권력자가 힘으로 강요하거나 값비싼 대가를 주었기 때문이 아니라 석굴 조성에 참여한 장인들 한 명 한 명이 모두 진심으로 신을 사랑하는 마음으로 자신의 모든 것을 바쳤기 때문에 가

아잔타 석굴

능했던 기적이라는 생각이 들었다. 아잔타와 엘로라석굴은 우리 나라 경주 석굴암에도 큰 영향을 주었다. 필자의 몇몇 인도인 친 구들은 인도를 대표하는 건축물은 무슬림의 타지마할이 아니라 불교의 아잔타석굴이어야 한다는 주장을 하기도 했는데, 직접 눈 으로 보니 일리가 있다는 생각이 들었다.

그러나 8세기경 힌두교의 신, 시바 숭배 운동이 일어나면서 불교는 인도의 남부 지역에서 15세기경까지 겨우 명맥을 유지 하다가 자취를 감추었다고 한다. 현대에 들어서면서 달리트들이 힌두교의 차별적 대우에 반발해서 불교로 개종하는 사례가 많이 나오고 있다고 하지만, 불교도는 전체 인도 인구의 0.5% 정도에 불과하다.

불교도가 이처럼 줄어든 이유에는 무슬림의 인도 침공 등 여러 가지가 있겠지만, 그중에서도 석가모니를 힌두교의 신으로 만들어 버린 이야기가 흥미롭다. 브라만 계급인 힌두교 사제들은 불교가 번성하자 당혹할 수밖에 없었다. 불교는 계급에 무관하게 누구나 출가할 수 있으니 브라만의 기득권이 크게 도전받는 상황이 된 것이다.

이 무렵 대중들도 불교에 대해 피로감을 느끼기 시작했다고 한다. 불교의 난해한 불경은 일반 대중에게 어렵기만 했고, 힌두교에 비해 간단한 예식은 무언가 허전한 느낌을 주었기 때문이다. 물질주의를 배격하고 사회에서 격리되라는 불교의 가르침은 어쩌면 대중들에게 부담스러웠을 수도 있다. 이를 간파한 브라만들은 대중들에게 석가모니가 힌두교의 대표적 신인 비슈누가 환생한 것이라고 하면서 불상을 힌두교 사원에 설치하기 시작했다. 원하면 힌두교 사원에서 예불드릴 수 있도록 배려했다는 것이다. 시간이 지나면서 결국 힌두교가 불교를 포용하여 고사시킨 것으로 매우 인도적인 해결 방안이라는 생각이 들었다.

인도의 웬만한 부잣집에 가보면 대개 불상을 현관 입구에 모

인도의 많은 힌두교도들은 집에 불상을 모신다.

서놓았다. 불교 신자는 아니라도 석가모니가 비슈누의 아홉 번째 화신(reincarnation)이므로 아침에 불상 앞에서 명상과 기도로 하루를 시작한다고 한다. 첸나이의 오래된 라다 크리슈나 힌두교 사원을 방문했을 때 그곳에서도 불상을 발견할 수 있었다. 필자를 안내하던 힌두교 승려 역시 석가모니는 비슈누의 아바타였다고 설명했다. 그러나 더 중요한 것은 불교가 힌두교와 합치되는 영역 안에서 인도인들의 삶과 생활, 생각 속에 보이지 않게 깊이 녹아 있다는 사실이다. 두 종교 간에는 윤회와 업보 등 개념이 일치하고 채식주의를 강조하는 것도 동일하다.

힌두교를 믿는 인도인들도 한국에 관해 이야기하게 되면 불
교를 인연의 고리로 삼으려고 한다. 날란다
불교대학에 유학한 신라 혜초스님의
이야기를 하는가 하면 매년 수백
명이 넘는 한국 불자들의 인도
성지 순례에 관해서도 관심을 보
인다. 모디 총리는 2015년 한국
을 방문할 때 보리수나무를 선물로
가져왔다.

보리수나무

불교와 비슷하게 기원전 6세기경 창시된 '자이나교' 역시 힌
두교의 영향을 깊게 받았다고 할 수 있다. 신자들은 흰옷을 입고
엄격한 채식주의와 비폭력, 무소유의 가르침을 따르며 진리의 다
면성, 상대주의, 다원주의를 신봉하므로 다른 종교를 배척하지
않는다. 필자는 어릴 적 우리나라에는 코끼리가 없는데 어떻게
'장님 코끼리 만지기'라는 속담이 생겼을까 궁금했었다. 인도에
와서 이 말이 불교 열반경에 나오는 군맹무상(群盲撫象)을 옮긴 것
이라는 것을 알게 되었다. 자이나교는 세상 만물에 대한 관용과
다른 종교에 대해 무비판적인 태도를 강조한다. '절대적인 것은

카주라호 사원

없다'라는 교리를 가르칠 때 장님이 코끼리를 만진다는 비유로 설명하였고, 이것이 불교 열반경에 기록되어 우리나라에까지 전해진 것이다. 필자가 자주 만난 외교부 한국 담당 국장은 자이나교 신자로서 그의 사무실에는 불상이 안치되어 있었다.

종교의 다양성은 인도 사회에 그대로 드러나 있다. 인도하면 카마수트라를 떠올리는 독자도 있으리라. 오리샤주의 태양 사원(Sun Temple)은 외곽이 모두 성행위 모습의 조각으로 장식되었는데, 그 이유는 힌두교가 '쾌락'도 성취해야 할 인생의 목표로 보기 때문이라는 것이다. 어느 지파는 성행위를 통해 신과 통한다고 믿어서 그런 장식을 하게 되었다는 설명도 있었다. 더 규모가 큰 카주라호 사원은 유네스코 세계 문화유산으로 등재되기도 했다.

한편 '금욕' 또한 인도인의 전통이다. 인도인들은 스스로 금욕적인 사람으로 인식하고 있다. 마하트마 간디는 부인과 사별한 뒤 여러 여성과 한 방을 쓰면서까지 자신의 금욕 의지를 테스트하였다고 한다. 라다 크리슈나 힌두 사원에서 필자를 안내했던 치과의사 출신의 젊은 승려는 금욕생활의 장점에 대해 역설하면서, 금욕하고 명상을 하면 정기(精氣)가 척추를 타고 올라가서 머리가 맑아질 뿐 아니라 엄청난 두뇌의 힘이 생겨서 세상의 이치가 다 보인다고 했다. 얼마 후에 의사 출신인 92세 한국전 참전용사회 회장에게 '카마수트라'와 '금욕'의 상충한 주장이 있으니 무엇이 맞느냐고 물었더니, 모두 다 옳은 말이며 어느 쪽을 택할지는 사람의 체질에 따라 다르다고 권위 있게 답하는 것이었다. 인도에는 상반된 주장이라도 모두 옳은 경우가 많다는 말이 떠올랐다.

9

상승하는 여성의 지위

2016년 가을 어느 날 아침에 여성 하원 의장을 예방하고, 오후에는 여성 외교장관을 면담한 적이 있다. 두 분과의 만남을 통해 인도 여성들의 사회적 위치를 보는 것 같았다. 1980년대 초한국 외교부에는 여성 대사는커녕 여성 사무관도 한두 명에 불과한 시절에, 인도에는 인디라 간디 총리뿐 아니라 주한 인도 대사도 여성이었다. 이후 2007년에 첫 여성 대통령이 나왔으며, 현재인도의 28개 주 중에 12곳은 여성 주지사가 이끌고 있다. 특히금융계에서는 여성들의 약진이 두드러진다. 사실 인도는 전통적으로 여성이 강하다는 주장도 있다. 어려운 환경에서 꿋꿋하게 살아가는 여성들은 물론 1857년 독립 혁명인 세포이 항쟁 당시 인도군의 지도자로서 인도의 잔 다르크라 불렸던 락슈미바이(Rani Lakshmibai)도 있었다.

반면 가난한 농촌이나 도시 슬럼가에서는 전문직 여성과는전혀 다른 삶을 사는 경우도 많다. 조혼과 결혼 지참금, 더 나아가 여아 살해와 강간 사건 등은 많은 인도 여성들이 직면한 문제이다. 1985년 법으로 지참금이 금지되었지만, 1997년 유엔 보고

서에 의하면 연간 5천 명의 인도 여성들이 지참금 때문에 죽음으로 내몰렸다고 한다. 지참금을 의미하는 영어 단어 '다우어리(dowry)'가 힌디어에서 비롯되었을 정도로 인도의 여성 결혼 지참금 문화는 뿌리 깊게 자리 잡고 있다. 이보다 더 끔찍한 예도 있는데, 옛 인도의 풍습으로 남편이 죽으면 부인을 남편의 옷과 함께 화장하는 '사티(sati)'이다. 사티는 1829년에 금지된 이후로 지금은 완전히 사라졌는데, 1987년 인도의 한 시골 마을에서 18세 된 과부가 남편을 따라 분신자살한 사건이 세계 언론에 보도되기도 하였다. 또한 대부분의 힌두교 사원에서는 여성의 출입을 금해 왔는데, 여성들의 항의와 탄원이 이어지자 최근에야 일부 힌두교 사원들이 여성에게도 출입을 허용하는 조처를 내렸다는 소식이 있다.

인도의 무슬림도 샤리아 율법에 따라 남편이 세 번 '탈락(이혼)'이라고 외치면 여성은 일방적으로 이혼을 당하였다. 2016년 모디 총리는 이슬람 종교법상의 일방적 이혼 조치를 금지하였다. 당시 이 금지 조치는 무슬림 율법을 무시한 처사로 받아들여졌고 이로 인해 다음번 선거에서 모디 총리가 무슬림 지역에서 참패할 것이라는 예상이 지배적이었으나 오히려 대승을 거두었다. 모디 총리의 개혁 조치를 내심 환영하고 있었던 무슬림 여성들의 표심 덕분이었다는 분석도 있었다. 남성의 일방적인 이혼 결정인 '탈락'은 결국 2017년 대법원에서 위헌으로 확정되었다.

　여성 보호를 위한 정부의 법적 조치와 함께 결혼 풍습도 변화되어 가고 있다. 오늘날 인도의 결혼 풍습을 보면 여성의 상승하는 사회적 지위를 알 수 있다. 과거에는 집안 간의 정혼으로 혼사가 이루어졌으나 오늘날은 자유연애에 의한 결혼이 대세이다. 특히 도시에서는 그 변화가 뚜렷하여, 설령 집안 간의 혼담이 진행되더라도 최종 결정권은 결혼 당사자에게 있는 경우가 많다고 한다. 이런 현상은 주말판 신문에 나오는 공개 구혼 광고를 보아도 알 수 있다. 자신의 출신 지역, 직업, 키, 재산은 물론 머리 스타일까지 소개하는 광고가 흥미로운 데다 재혼 구혼란도 따로 있다. 이러한 변화는 분명히 구습을 벗어나고 있다는 증거로 보인다.

주말판 인도 신문 구혼 광고

그러나 이보다 더 중요하고 확실한 것은 여성 교육이 확대, 보편화되고 있다는 사실이다. 특히 전문직 여성들이 늘어나고 있는 것이 여성 지위 향상에 주요한 역할을 한다. 과거에는 대학을 졸업한 후 부유한 집안에 시집가는 것이 여학생들의 꿈이었다면, 요즘은 많은 여학생이 의사, 법률가, 공무원 등 전문 직업인이 되기를 희망하고 있다.

인도의 비즈니스 우먼

여성들의 교육 수준 변화는 또 다른 사회 변화로 이어지고 있다. 한 예로 가임 여성들의 출산율 저하를 들 수 있다. 고학력으로 교육받은 전문직 여성들의 출산율은 저학력 여성들에 비해 낮은 편으로, 필자가 델리에서 만났던 전문직 여성들은 거의 자녀가 한두 명에 불과했다.

전문직 여성들이 보여주는 자신의 지위와 역할에 대한 주장은 부부간 일상생활에서도 나타나고 있다. 어느 여기자는 결혼 초기에 남편이 물 한잔 갖다 달라고 했을 때, 그 버릇을 고치기 위해 남편 머리에 물을 부었다고 자랑스레 이야기하였다. 조금은 극단적인 사례이지만, 예전 같으면 꿈도 꾸지 못할 행동이다. 대사관에 함께 근무한 인도인 여직원들은 부잣집에 시집가면 시어머니를 모시고 살아야 한다면서 오히려 중산층 핵가족이 낫다고 이야기하곤 했다. 사실 인도에서 소위 '잘 사는 집'은 시어머니의 권한이 크고 아들이 부모를 모시는 것을 중요하게 생각한다. 부유한 집은 3대, 심지어 4대가 한집에서 산다. 인도의 지인들은 필자를 집에 초청하면 꼭 자신의 어머니에게 먼저 인사를 드리도록 하였다. 인도의 갑부 아닐 암바니(Anil Ambani) 회장은 필자에게 자신이 작은 아들임에도 어머니를 모시고 산다는 것에 늘 자긍심을 갖고 이야기했다. 하지만 3, 4대가 한집에 사는 것과 대가족 안에서 시어머니의 권한이 크다는 것은 함께 사는 며느리 입장에서는 쉬운 일만은 아닐 것이다.

3대가 함께사는 인도 중산층 가정의 모습

최근 들어 특히 고무적인 것은 전문직, 중산층, 도시 여성들뿐 아니라 농촌에서도 여성들의 지위와 역할이 변화하고 있다는 사실이다. 최근에 CNN은 뭄바이 근처 공장에서 기숙사 생활을 하는 농촌 출신 여성이 보낸 편지를 소개하며, 가난한 여성의 입지 전적 성공 이야기를 다뤘다.

필자는 2015년 첸나이 현대자동차 공장을 방문한 후에 부품을 납품하는 협력업체 공장을 찾아가 보았다. 인도는 아직도 여성 노동자들이 소수에 불과함에도 이 기업은 거의 모든 노동자가 여성이었다. 일반적으로 인도 여성의 평균임금은 남성들보다 최소 20% 정도 낮은 편이다. 이는 비단 인도만의 문제는 아니지만,

다행히 점차 남녀 간 임금 격차가 감소하는 추세이다.

영국 이코노미스트지는 인도 여성의 낮은 경제 참여율의 요인으로 인도 사회의 보수적인 관습과 고용 기회의 부족을 지적했다. 인도에서 경제활동을 하는 여성은 전체 여성 인구의 13%에 불과하다. 그러나 점점 여성의 취업이 활발해지고 있어 가계소득 증대는 물론 국가 전체적으로 경제성장의 또 다른 동력이 될 것으로 기대된다. 이러한 변화는 결국 저소득층 여성의 권익 증진과 여성 지위의 향상으로 이어지는 선순환 구조를 만들 것이다.

여성의 변모하는 모습은 여성 전통복장인 '사리'에서도 찾아볼 수 있는데, 20~30년 전만 해도 직장여성들과 여대생들은 사리를 입고 직장이나 학교에 갔다고 한다. 요즘의 전문직 여성들은 양장이나 청바지 차림도 할 정도로 이제 사리는 반드시 입어야 하는 옷이 아니다. 하지만 예의를 갖춰야 할 중요한 행사 때에는 꼭 사리를 입는다. 우리나라 여성들의 한복은 요즘 결혼식에서나 볼

인도의 다양한 사리

수 있는데, 인도에서는 아직 그보다는 많이 사리를 입으며 가난한 여성들은 거의 다 사리만 입고 다닌다. 사리의 가격은 몇천 원부터 천만 원대까지 있다. 부유층의 사리는 고급 섬유와 화려한 색의 옷감으로 만들어 놀랄 정도로 비싸다. 어느 기업 사장의 부인은 사리가 수백 벌이 넘으며 행사나 모임의 성격에 따라 색을 맞춰 입는다고 하였다. 외교부의 아시아 담당 여성 차관 사란도 늘 멋진 사리 차림이었다. 사리의 모양도 지역별로 특성이 있고 다양하여 인도인들은 사리만 보고도 어느 지방에서 왔는지 알 수 있다고 한다.

인도의 음식은 사리만큼이나 종류가 다양하다. 북부에서는 난(빵)과 양고기가 주로 나오고 남부에서는 쌀로 만든 요리와 채소, 콩과 같은 채식이 발달하였다. 어느 지방 음식이든지 커리와 향신료가 나오며, 수많은 향신료를 배합한 마살라(Masala)가 빠지지 않는다. 이러한 갖가지 음식은 서양 음식처럼 코스로 나오는 것이 아니라 각종 그릇에 담아 한 상 차림으로 나온다. 요즘은 이 반상에 포크와

나이프, 스푼을 함께 놓는다. 과거에는 모두 손으로 먹었다고 하는데, 어떤 인도인들은 일단 포크로 시작하다가도 슬그머니 손을 쓰기 시작한다. 특히 볶음밥 같은 비리야니는 커리에 찍어 손가락으로 조물조물 비벼서 먹으며, 인도 음식은 손으로 먹어야 제맛이 난다는 설명을 빠뜨리지 않는다. 인도 문화를 존중하는 차원에서 몇 번 따라서 해 보았는데 '제맛'까지 느끼지는 못했다. 음식을 만드는 것은 여성의 몫이지만, 최근 도시에서는 전문직 여성들이 늘어나면서 요리하는 남성들도 늘어나고 있다고 한다.

인도 도시에서는 요리하는 남성들이 늘고 있다.

인도 음식

이렇게 여성의 역할과 지위가 변모하는 과정에서 여성들 자신의 권리 의식이 성장하고 있는 점도 주목할 만한 일이다. 과거와는 달리 성폭행 사건이 보도되면 많은 여성이 즉각 데모에 나선다. 이들은 정부가 제대로 조처하지 않으면 다음 선거에서 투표로 징벌하겠다고 목소리를 높인다. 2017년 인도의 여성 사진작가 고쉬는 '소 가면을 쓴 여성' 사진을 SNS에 올리면서 전 세계적으로 유명해졌다. BBC와의 인터뷰에서 그녀는 "인도에서는 여성보다 소가 더 대접받는다. 여성이 성폭행을 당하면 그 죄를 처벌하는 데 몇 년이 걸리지만, 소를 도축하면 힌두 원리주의자들이 바로 찾아가 살해하거나 흠씬 두들겨 팬다"라고 했다. 불편한 진실이지만, 그녀가 이렇게 당당하게 발언한다는 사실 자체가 인도 여성 인권의 긍정적 미래를 열어간다고 볼 수도 있다. 이러한 변화는 앞으로도 계속 인도 여성의 지위를 향상시킬 뿐 아니라 과거 인도 여성에 대한 부정적 이미지를 크게 개선하는 동인이 될 것이다.

chapter 2

변화하는 정치

भारत में आपका स्वागत है
Welcome to India

#1

민주주의, 축제를 넘어 효율로

14억 인구의 인도는 세계 최대의 민주주의 국가라 할 수 있다. 2019년 5월 총선에서는 9억 명의 유권자(18세부터 참여) 중 6억 명이 투표에 참여하여 67%에 가까운 투표율을 보였다. 게다가 인도국민당(BJP, Bharatiya Janata Party) 한 정당만 해도 당원이 1억 명에 이른다. 중국의 사실상 유일 정당인 공산당의 당원은 8천6백만 명 정도이니 당원의 수로 보더라도 세계 1위라 할 수 있다.

총선은 인도 전국에서 40여 일 동안 일곱 차례로 나누어 실시되었는데도 별다른 사고나 중단 없이 성공적으로 끝났다. 더욱이 전자투표로 진행되었음에도 불구하고, 아무런 잡음 없이 개표가 진행되어 선거 관리에 대한 국민의 신뢰가 크다는 것을 알 수 있었다. 이렇게 거대한 인구를 가진 나라가 자유롭고 공정한 선거를 치를 수 있다는 것은 인도의 큰 자랑이며, 가히 세계가 알아줄 만한 민주주의 축제라 할 수 있다. 선거 결과로 BJP가 56%인 총 303석을 차지하면서 2014년에 이어 단독 과반을 확보하여 재집권하는 데 성공했다. 인도 역사상 하나의 정당이 2회 연속으로 절대 과반수 의석을 확보한 것은 이번이 처음으로서, 모디 총리의 국가 개혁 추진을 지지하고 더 기회를 주겠다는 인도 대중의 열망이 선거에 투영된 결과였다.

한편 각 지방에서 이루어지는 잦은 선거로 인해 큰 비용이 낭비되고 있는 것도 사실이다. 5년마다 전국적으로 치러지는 총선과는 별도로 28개 주에서 돌아가면서 주 의회 선거가 개최되므로 매년 5~6개의 주에서 지방선거가 있으며, 이들 선거 결과는 집권당에 대한 평가로 받아들여지므로 중앙정치에 영향을 미치게 된다. 따라서 대개 중앙의 거물급 정치인들이 유세에 동원되기 때문에, 국민들 입장에서는 매년 중요한 선거가 있다는 느낌을 받게 된다. 민주주의에 당연히 수반되는 비용이라고 치부하기에는 적지 않은 자원을 쏟아붓는 현상이 계속되며, 이로 인해 일각에서는 민주주의가 오히려 경제 발전의 발목을 잡는다는 비판이 제기되기도 한다.

어떤 이들은 인도를 중국과 비교하여 민주주의를 하다가 경제 발전이 안 되었다고 하지만, 이러한 주장은 받아들이기 어렵다. 사실 인디라 간디 총리가 잠시 비상상태를 선포하고 독재에 가까운 정치를 했던 1980년대에 경제가 크게 발전했던 것도 아니다. 인도 경제가 크게 성장하지 못한 근본적인 원인은 민주주의가 아니라 1947년 독립 이후 정권을 주도한 국민회의당(Congress)이 사회주의 경제정책을 추구했기 때문이다. 그리고 수입 대체 공업 육성을 위해 유치산업을 보호하는 방향으로 나아가면서 대만과 한국 그리고 중국이 급속도로 성장을 하던 1970년대부터 30여 년간의 귀중한 시간에 발전의 기회를 놓쳐 버렸기 때문이었다. 아울러 인도의 엄청난 인구와 국토 면적에 어울리지 않게 미미한 관료조직의 규모도 영향을 미친 것이 아닌가 한다.

이코노미스트지도 인도의 문제점으로 사회주의 전통에 따라 정부의 역할은 큰 데 비하여 관료조직은 작은 것을 지적했다. 매년 인도판 외무고시의 정원은 우리와 비슷한 35명이고, 행정고시는 180명 정도를 뽑아 중앙정부뿐 아니라 각 지방 정부에 파견한다. 물론 관료의 수가 일정 수준을 넘어가면 오히려 생산성에 방해가 될 수도 있겠지만, 인도의 경우에는 기본적인 국가 운영에도 부족한 상황이라는 느낌을 종종 받곤 했다.

법원도 예외가 아니어서 고등법원 판사의 37%, 지방법원 판사의 25%가 결원 상태로 지속되고 있다. 이 때문에 재판이 시작되어 판결이 내려질 때까지 보통 10년은 걸린다는 말이 있을 정도이다. 모디 총리도 참석한 '법의 날' 행사에서 인도 대법원장이 법관의 과중한 업무 부담을 호소하며 눈물을 흘리기까지 했다. 실제 필자는 현대건설의 교량 건설공사 과정에서 발생한 사고를 다루기 위한 형사재판을 신속히 처리해 달라고 검찰총장을 세 번이나 만났지만 큰 성과를 거두지는 못하였다.

인도 정치인들은 과거에는 정치적으로 큰 역할을 하지 못했던 하층민들의 정치적 자각과 세력화에 대해서도 주시하고 있다. 빈부 격차는 저소득층을 단합시키는 요인이며 도시의 슬럼은 정치인들이 결코 무시할 수 없는 달콤한 표밭이다. 1991년 달리트 중심당이 결성되었으며, 몇 년 뒤 달리트 출신의 여성 정치인 마야와티(Mayawati)는 인도 거대 주의 하나인 우타르프라데시 주총리로 선출되기도 하였다.

같은 맥락에서 인도의 독립을 주도하였고 네루 초대 총리를 시작으로 몇 대의 총리를 배출한 국민회의당이 추락하고 있는 것은 주목해야 할 점이다. 국민회의당은 식민지 시대인 1885년에 변호사, 지주, 상인 등 상류층을 중심으로 결성되었다. 지금도 여전히 부모나 집안의 지역구를 물려받은 의원들의 수는 국민회의당이 가장 많다고 한다. 국민회의당은 오랜 집권에도 특히 경제정책 측면에서 큰 성공을 거두지 못한 것으로 평가되며 부패를 척결하지 못했다는 비난도 받고 있다. 국민회의당의 영향력 감소는 사회주의 경제정책과의 결별을 의미하기도 하지만, 독립 이후 권력을 장악해 온 기득권 세력이 하층민이 포함된 신진세력으로 교체되는 정치적 변화를 나타내는 것이기도 하다.

국민회의당은 추락하고 있지만, 첫 총리로서 17년간 집권한 네루에 대한 인도인들의 존경심은 실로 대단하다. 몇몇 단점들에 대해 비판하다가도 마지막에는 네루가 없었으면 인도는 분열되었을 것이라고 말한다. 네루는 독립운동을 주도했을 뿐 아니라 암베드카르 법무장관과 함께 세계에서 가장 긴 무려 395조로 구성된 인도 헌법을 만들었다. 그야말로 '독립의 아버지(founding fathers)' 중의 한 명이다.

네루의 딸인 인디라 간디 총리에 대해서는 평가가 엇갈린다. 1971년 파키스탄과 전쟁에서 승리하여 방글라데시의 독립을 만들어 낸 카리스마를 칭송하면서도, 한때 계엄령을 선포하고 야당 정치인들을 체포하는 등의 철권통치에 대해서는 비판이 많다.

1984년 인디라 간디가 암살되어 갑작스럽게 총리가 된 아들 라지브 간디도 결국 1991년 비운의 암살을 당하고 말았다.

한편 금융위기를 맞은 1990년대 초에는 국민회의당의 라오 총리가 경제개방 정책을 통해 위기를 극복하는 성과를 거두어 인도 국민의 존경을 한 몸에 받기도 했다. 그는 간디 가문 출신이 아닌 총리로서, 당을 장악하고 있는 소냐 간디와의 어려운 관계 속에서도 유능한 행정가답게 행정부를 잘 이끌었다는 평가를 받는다. 라지브 간디의 부인 소냐 간디는 이탈리아 출신이라는 한계로 총리는 맡지 못했으나, 지금까지 국민회의당의 총재로서 당을 장악하고 있다. 그녀의 아들 라울 간디는 네루-인디라-라지브에 이은 4대째 총리가 되고자 노력하고 있으나 지난 두 번의 선거에서 대패하였다. 50년간 집권한 네루 왕조의 기득권 고착화 현상, 많은 의원들이 지역구를 물려받는 풍토 등으로 인해 개혁하지 못한 것이 패배한 원인이다.

'간디'라는 이름은 인디라 간디가 언론인이었던 페로즈 간디와 결혼해서 남편의 성을 쓰게 된 데 기인하며, 마하트마 간디와는 무관하다. 사실 마하트마 간디의 자손은 아무도 정치인으로 활동하지 않았다고 한다. 필자가 대사관 행사에 초청한 간디의 손녀는 80대의 고령이었는데 할아버지와의 일화들을 들려주면서, 간디는 인도의 독립에 공헌했어도 자손 중에는 아무도 정치에 입문하지 않음으로써 인도 정치에 더 크게 기여한 것 같다고 유머러스하게 이야기했다. 마하트마 간디에 대한 인도인들의 존경은 그야말로 절대적이다. 인도의 모든 지폐에는 간디 초상화가 있다. 2019년 간디 탄생 150주년을 기념하여, 구테레쉬 유엔 사무총장과 여러 명의 정상급 인사들이 참석한 유엔 축하 행사에서 모디 총리는 간디가 몸소 보여준 길이 우리가 더 좋은 세상을 만들어나가는 데 힘이 되어줄 것이라고 연설하였다. 문재인 대

마하트마 간디의 손녀인 타라 간디 여사와 필자

통령도 일제 치하에서 독립운동을 하다 투옥된 우리 학생들에게 간디가 격려의 메시지를 보내주었던 사실을 상기하며 한국과 인도 간의 특별한 인연을 강조하였다.

BJP는 힌두 문화의 수호를 앞세우는 힌두 원리주의에 기반을 둔 정당으로서 민족주의적 성격이 강하지만, 경제정책에 관해서는 대외개방과 시장주의적 성향을 보여 왔다. 1998년에는 제1당이 되었지만, 과반수 의석을 차지하지 못해 불가피하게 다른 정당들과 연합해서 정부를 구성했다. 그러나 2014년과 2019년 두 차례의 총선에서는 단독으로 과반수 의석을 확보하며 집권하였다. BJP는 지방선거에서도 승리를 거두어 현재 인도 전체 28개 주와 4개 직할지 중 13개의 지방 정부를 장악하고 있다. 모디 총리는 유세 기간에 일반 시민들과 직접 소통하면서 미국 대통령 선거처럼 대중 정치가의 모습을 부각하는 유세 활동을 하였는데, 이러한 시도는 향후 인도의 정치 문화에도 변화의 바람을 몰고 올 것으로 생각된다. 모디 총리는 트위터를 통한 소통에도 적극적인데, 2019년 방한 직전에는 한글로 한국인들에게 메시지를 보내기도 했다.

이런 변화의 과정에서 활발한 언론의 역할은 민주주의에 대한 보험과 같다. 인도는 8만여 개의 신문과 700개에 이르는 TV

인도는 8만여 개의 신문과 700개에 이르는 TV 방송 채널, 일간지 발행 부수만
3억으로 세계 최대의 뉴스 시장이다.

방송 채널이 있으며, 일간지 발행 부수만 3억으로 세계 최대의
뉴스 시장이다. 이러한 매체들이 만들어가는 권력에 대한 감시
활동과 활발한 토론은 어느 정권이라도 법의 지배를 넘어서는 독
주는 생각하기 어려운 여건을 만들고 있다. 또한 점차 그 중요성
을 더해 나가고 있는 시민사회에도 주목할 필요가 있다. 이들은
성숙한 민주주의로 나가는 견인차 역할을 하고 있으며, 초기에는
농민과 농업 관련 NGO들이 많았으나 점차 여성, 환경, 노동 등
분야가 다양해지고 있다.

그러나 인도의 민주주의를 견인하는 것은 무엇보다도 인도인들의 토론 문화이다. 의회에서는 물론이고 내각이나 정부 기관의 회의에서도 항상 활발한 토론이 이루어진다. 노벨 경제학상을 받은 아마르티아 센(Amartya Sen) 박사는 그의 저서 《논쟁적인 인도인》에서 공론(public debate)의 전통이 인도의 민주주의에 크게 기여한다고 평하였다. 대사관저 만찬 행사에서도 인도인 참석자들은 필자가 무엇이든 이슈만 제기하면 격렬한 토론을 벌였다. 이런 적극적인 토론 생활 습관이 미국 내 많은 인도인을 교수나 경영자로서 크게 성공할 수 있게 만든 것 같다. 인도의 사관학교에서도 부하들을 무조건 명령에 따르게 하기보다는 대화를 통해 설득해야 한다면서 토론 기법까지 가르친다고 한다.

민주주의는 인도의 소중한 자산이다. 인도 사회는 공권력에 의한 억압이 상대적으로 적으며 높은 수준의 개인적 자유를 누리고 있다. 이상적인 것은 아마도 높은 자유를 구가하면서 효율성과 공정성이 확보된 정치체제일 것이다. 국제적인 평가도 중국은 인도보다 효율성과 공정성은 높아도 자유지수는 낮은 것으로 나온다. 이제 인도의 민주주의는 높은 수준의 자유에만 만족하지 않고 공정성과 효율성도 높이는 방향으로 나아가고 있다. 그러나 이러한 과정에서 국민의 자유가 희생되어서는 안 될 것이다. 한국에서 출장 온 어느 고위 인사가 인도도 독재를 몇 년만 했으면 경제개발에 성공하였을 것이라는 이야기를 하기에 국가마다 차이는 있겠지만 독재 권력이 꼭 경제 발전을 시킬 수 있는 것도 아니고, 설사 성공한다고 하더라도 곳곳에 뿌리 깊게 박힌 독재의 폐단은 생각보다 오래 남아 결국에는 사회가 한 단계 더 높은 수준으로 도약하는 것을 가로막는 장벽이 되기도 한다고 지적했던 기억이 있다.

#2

분열에서 통합으로

인도는 이민자들로 만들어진 나라는 아니지만, 다양한 인종으로 구성되어 있다. 북부에서 내려온 인도-아리안계는 전체 인구의 70%를 상회하며, 일부는 유럽인과 비슷한 외모를 갖고 있다. 전체 인구의 25% 정도인 드라비다족은 주로 인도 남부에 거주하고, 동북부에는 몽골계 인종이 있다. 문화와 언어, 종교 등으로 세분하면 59개 인종이 있다고 한다. 오랜 역사 속에서 이러한 다양한 인종이 서로 섞여 오늘날의 인도인이 되었다.

무굴제국의 첫 황제 바부르는 칭기즈칸의 후손이었는데, 그의 초상화를 보면 동북 아시아인의 모습이 있다. 최근 인도에서 힌두 민족주의의 과잉이 문제가 되기도 하는데, 다양한 민족을 품은 인도는 특정 종교나 인종에 국한된 민족 감정의 장막을 걷어내야 건강한 국가로 발전할 수 있을 것이다. 힌두 민족주의와 같은 구심력을 확보함과 동시에 내부에 존재하는 다양성을 포용함으로써 배타적 인종주의를 극복하려는 상호 배치되는 노력을 함께 경주해야 하는 것이 바로 인도의 숙명적 과제이다.

무굴제국 첫 황제 바부르

이러한 인도의 딜레마를 모디 총리는 적절한 경구(aphorism)로 풀어낸 바 있다. 8월 15일은 한국뿐 아니라 인도의 독립기념일이기도 하다. 2016년 인도 정부의 독립기념일 공식 리셉션 축사에서 모디 총리는 인도의 미래에 관해 힘 있고 멋진 연설을 했다. 특히 마지막 멘트가 여운을 남겼다.

"다양성은 인도의 숙명입니다. 통합은 인도가 외우는 주문(呪

文)입니다(Diversity is India's destiny. Unity is its mantra)."

연설 후 각국 대사들과 인사하는 자리에서 필자는 모디 총리에게 마지막 멘트가 인상적이었다고 하면서, 한국의 경우라면 "단일성은 한국의 강점입니다. 다양성은 우리의 열망입니다(Homogeneity is Korea's strength. Diversity is its aspiration.)"라고 할 수 있을 것이라 했다. 모디 총리는 평소 한국을 강소국으로 평가하면서 우리의 발전 과정에 큰 관심이 있었기에 필자의 이러한 비교에 대해서도 흥미롭다는 반응을 보였다.

한국-인도 정부 간의 통상 협상장에서 있었던 일이다. 인도 대표단석에 앉아 있는 한국인 얼굴을 닮은 인도 대표를 한국 외

모디 총리의 2016년 독립기념일 축사 모습

교부 직원이 동료로 착각하고 한국 대표단석으로 오라고 손짓하였다. 물론 그 인도 직원은 무슨 영문인지 모르겠다는 표정을 짓고 있었다. 그는 아쌈주 출신의 인도 정부 관리였는데, 아쌈주와 같이 K-pop의 인기가 높은 지역은 우리와 비슷한 얼굴의 인도인들이 많은 곳이다. 이들이 한국 드라마를 보면서 자신들과 비슷한 얼굴의 한국 배우에 열광하는 것은 당연할지도 모르겠다.

다양한 인종이 혼재하고 있음에도 미국처럼 인종 간 갈등이 있는 것은 아니며, 인도인들은 다름을 인정하고 받아들이는 것으로 보인다. 외국인 입장에서는 정확히 이해하기 어려웠지만, 인도인들 스스로가 '인도적'인 것으로 받아들이는 특성을 구심점으로 하여 복잡하고 다양한 인종과 집단이 '인도'라는 하나의 정체성을 갖고 통합되고 있다. 이러한 인도적인 운명 공동체를 만들어 내는 방법의 하나가 역사 드라마 제작과 방영이다. 한 예로 2015년에는 '라마야나'와 '마하바라타' 같은 인도의 설화를 대하드라마로 만들어 TV에 방영하였는데, 당시 인도인들은 인종과 종교에 무관하게 모두 이 드라마에 열광하였다.

인도 정치도 분열에서 통합으로 변화, 진화해 가고 있다. 사실 인도는 무굴제국 당시에도 완벽하게 통합된 사회는 아니었다. 영국은 당초 동인도회사를 통해 간접적으로 인도를 경영하며 경제적 이득만을 취하다가, 1857년 제1차 독립전쟁(세포이 항쟁)을 계기로 빅토리아 여왕이 인도를 포함하는 제국의 황제로 즉위하여 인도를 직접 통치하기 시작하였다. 그러나 당시에도 영국 정부는 565개의 토후국(자치 독립국, princely state)의 존재를 인정하며 지배하는 방식을 취했다. 1947년 영국이 물러나면서 인도와 파키스탄이 독립할 때 이들 토후국에는 적어도 형식적으로는 인도에 통합되지 않은 상태로서 독립국으로 남을 수 있는 선택의 가능성이 있었다. 그러나 독립 운동가이자 뛰어난 협상가인 파텔

영국의 국왕이자 인도 제국의 황제이었던
빅토리아 여왕

(Sardar Patel) 내무장관이 모든 영주들을 설득하고 강압하여 인도 공화국에 편입시켰다. 인도의 독립은 토후국들의 몰락을 가져온 것이다. 그러나 이들의 자치권이 완전히 중앙정부에 회수된 것은 1956년이었다. 이후 사라진 토후국의 영주들에게는 왕족 칭호를 계속 사용토록 하고 연금 지급은 물론 세금 면제 등의 특권을 주었고, 이 특권은 1971년에야 완전히 없어졌다.

2015년 12월 이코노미스트지에는 싱 마하파트라라는 마지막 토후국 영주가 94세로 사망했다는 부고 기사가 실렸는데, 그의 일생은 한 편의 인도 현대사 영화 같았다. 영국 치하에서는 자동차 수집광으로 호화스러운 생활을 했다. 그러나 인도 독립 후에는 1년에 2천 달러의 연금을 받으면서 근근이 생활을 이어갔다. 그러나 흥미롭게도 델리의 주요 신문에서는 그의 사망 소식을 언급조차 하지 않았다.

토후국들 외에도 고아 등 3개의 포르투갈 영토와 폰디체리 등 5개의 프랑스령이 인도에 완전히 반환된 것은 1961년에 가서였다. 이러한 역사적 배경이 인도의 지방분권과 분열상을 설명하여 준다.

1980년대에는 동북부 지역을 중심으로 반군 활동과 마니푸르(Manipur) 분리 운동이 성행하였다. 낙살바르, 마오이스트 등 일부 독립 게릴라들의 활동도 있었으나 대략 20세기 말까지는 대부분 잦아들었으며, 현재로서는 그러한 움직임이 어느 특정 지역의 분리로 이어질 가능성은 희박하다. 게다가 최근 들어서는 통합 세제(GST: Goods and Service Tax) 도입으로 28개 주 간의 실질적인 경제 통합이 진행되고 있다. 과거 인도는 주마다 각자의 세금 제도가 있어서 물품이 주 경계를 통과할 때마다 세금을 냈었지만, 이제 이 제도는 폐지되고 전국에서 단일 세제가 시행되고 있다. 그 동안 인도 28개 주는 각각 전혀 다른 성격의 경제 체제를 갖추고 있었기 때문에 1인당 GDP와 상업 시설 등 경제력 차이가 최대 10배 이상에 이르는 경우도 있었다. 그러나 통합 세제 도입 이후 이러한 격차가 좁혀질 것으로 기대되고 있으며, 이미 각 주 간의 물류 이동 속도가 빨라지는 효과도 나타나고 있다고 한다.

인도의 정당은 인도 사회구조만큼이나 다양하고 그 숫자도 많거니와 기반도 제각각이다. 힌두교 민족주의에 기반을 둔 BJP, 카스트 천민들의 정당, 특정 지역이나 부족만을 위한 정당, 심지어는 특정 종교나 문화를 기반으로 하는 정당도 있다. 인도의 사회주의 전통과 빈곤의 이미지 때문에 공산당이 있을 것으로 생각하기 쉽다. 1930년 인도에 공산주의가 들어오면서 가난한 계층이 많으므로 공산당이 크게 성공하리라 예상하였으나, 독립 이후 서부 뱅갈주와 남부의 케랄라주 정부에서 한동안 집권하는 것에 그치고 말았다. 이는 이번 생은 나의 업보라는 '카르마'에 바탕을 둔 사고방식으로 많은 인도인이 혁명에 관심이 없기 때문이기도 하지만, 영국 지배하에서 이미 활동해 온 국민회의당과 그 지도자들인 간디, 네루가 사회주의 성향이었기 때문에 공산주의가 활동 공간을 만들어 내기가 어려웠다고 보는 것이 타당할 것이다.

28개 주 중에는 그곳에만 존재하는 지역 정당에 의해 오랫동안 장악되어 온 경우도 많다. 이로 인해 지역에 따라서는 전국 정당이 힘을 발휘하지 못하고 많은 지방 정당이 난립하기도 한다. 그러나 모디 총리 집권 이후로 점점 지방 정당의 힘이 쇠퇴하는 추세이다.

필자는 2015년 12월 타밀나두주의 수도인 첸나이를 방문하였다. 이곳은 1967년 이래 이 주에만 있는 지역 정당인 드라비다 진보연맹(DMK)이 계속 집권하고 있으며 DMK당의 총수인 자야 랄리타 주총리는 1991년부터 네 차례의 총선에서 승리했다. 그녀는 마치 사교(邪敎)의 우두머리처럼 숭배의 대상이었고, 거리마다 총리의 초상화가 수백 장씩 걸려 있었다. 선거 유세 기간이 되면 각 가정에 쌀과 선풍기, 자전거를 나누어 주는 등 이 지역의 정치는 포퓰리즘의 극치로 정평이 나 있었다. 그런데 2016년 12월, 그녀가 갑자기 사망하자 그간의 부패와 비리가 드러나게 되었다. 주 정부를 장악했던 요새 하나가 사라진 것이다.

2019년 선거에서는 카리스마 넘치는 또 한 명의 여성 정치인인 바네르지(Banerjee) 서부 벵갈 주지사가 영향력을 크게 잃었다. 그녀는 1998년부터 서부 벵갈에만 있는 전인도 트리나몰의회(AITC)의 당수였는데 당 의석이 34석에서 22석으로 줄어든 것이다. 부친으로부터 당과 주총리를 물려받아 20년째 주총리를 해 왔던 오리샤주 파트낙 총리도 그해 선거에서 대패했다. 이러한 추세이면 앞으로 BJP와 국민회의당 같은 전국 정당이 점차 지방의 요새를 무너뜨리면서 남아있는 지방 정당들과 연합을 해나가는 정치적 통합이 가속화될 것으로 보인다.

#3

사회 통합을 이끄는 영어, 크리켓, 영화

인도 사회를 통합하는 견인차는 교육받은 중상층이 사용하는 영어, 인기 스포츠인 크리켓 그리고 발리우드로 대표되는 영화라고 할 수 있다. 인도인 중 영어를 구사하는 인구는 현재 10%를 상회하는데, 20년 전에는 2%에 불과하였다. 특히 중·상류층은 대개 영어로 소통하고 관공서의 공문서나 비즈니스상의 대화도 대부분 영어로 이뤄진다. 식민지 시대에는 일부 상류층만 영어를 구사했으나, 독립 이후에 오히려 영어 가능 계층이 더 확대되었다. 공식 언어만 22가지이고 방언을 합하면 수백 가지의 언어가 있는 인도에서 영어가 국민 전체의 사회적, 문화적 통합에 기여하고 있는 아이러니한 현실이다.

영어 구사 능력은 신분 상승의 중요한 수단이며, 영어를 제대로 구사한다는 것은 고등교육을 받았다는 증표이다. 더욱이 인도인들은 자신들의 영어 사용에 대해 자부심이 강하며, 출판되는 영문 서적도 미국, 영국에 이어 전 세계에서 세 번째로 많다. 한때 영국의 현대 영어와는 달리 인도인들은 빅토리아 영어를 구사한다는 자랑을 하기도 했으나, 오히려 인도식 영어인 힝글리시에 대한 자부심이 크다.

힝글리시(Hinglish)는 힌디어와 영어의 합성어로서 인도적인 상상력이 많이 들어가 있다. 예를 들면 처남이나 시누이를 'co-brother' 'co-sister'라고 부르며, 거칠고 무식하다는 형용사로 정글에서 따온 'jungli'라는 단어를 쓴다. "How are you?" 하고 물으면 "First class"라고 답한다. 비행기 일등석에 앉은 것처럼 모든 것이 좋다는 말이다. 자신이 막 하려던 말을 남이 했을 때는 "당신이 내 입에서 그 단어를 방금 훔쳐 갔네요(You just stole the word from my lips)"라고도 한다.

힝글리시는 아니지만, 인도의 정신과 문화를 반영한 특유의 표현들도 있다. 성공한 정치인이나 기업인들에게 축하 인사를 건네면 항상 "신이 저에게 자비로웠지요(God has been very kind to me)"라는 대답을 듣는다. 이 말을 들을 때마다 겸손한 마음을 잃지 않으려는 인도인들의 자세가 느껴졌다.

크리켓은 인도인들을 단결시키는 최고 인기의 스포츠이다. 과거에는 중산층 이상이 즐기는 스포츠였지만, 지금은 빈곤층 어린이들도 즐긴다. 영화 〈슬럼독 밀리어네어(Slumdog Millionaire)〉에서도 크리켓 선수의 사인을 받기 위해 애쓰던 주인공의 모습이 나온다. 인도 사람들은 크리켓을 보는 재미로 산다고 할 정도로 둘만 모여도 크리켓 이야기이다. 방송도 크리켓 경기가 제일 큰 비중을 차지하고, 모든 채널마다 크리켓 전문가들을 출연시켜 경

크리켓을 즐기는 인도인들

기를 분석한다. 국가대표 크리켓 선수가 되면 부와 명예를 한꺼번에 얻을 수 있다. 인도가 올림픽에서 메달을 많이 못 따는 것도 스포츠에 투자되는 자금의 70%가 크리켓에 집중된 탓이라는 설명이 있다. 크리켓이 파키스탄과의 긴장 관계 속에서 인기 스포츠가 되었다는 분석도 있는데, 국민을 단결시킬 매개로써 크리켓이 필요했다는 것이다. 파키스탄과의 크리켓 경기가 있을 때면, 인도국민들은 마치 전쟁을 하는 것처럼 자국팀이 파키스탄을 꺾는 모습에 열광한다. 크리켓 역시 영국인들이 남긴 식민지 유산임에도 인도 민족주의를 고취하고 국민 단결의 수단으로 활용되고 있으니 큰 아이러니가 아닐 수 없다.

인도 사회를 통합하고 민족 자긍심을 고취시키는 또 다른 대표적인 수단이 바로 '발리우드 영화'이다. 발리우드는 봄베이(Bombay, 1995년부터 뭄바이로 명칭 변경)와 할리우드의 합성어로 인도 영화산업을 통칭하는 말이다. 발리우드 영화는 할리우드보다 다양한 주제와 장르를 다루며 3시간 이상 상영도 보편적이다. 그리고 무엇보다 늘 춤과 노래가 나온다. 원래 인도에서 춤은 이야기를 전달하는 수단으로 즐길 거리엔 꼭 춤이 빠지지 않는데, 인도인들이 춤을 평가하는 기준이 있다. 얼마나 상징적인 요소를 썼는지(나티아, Natya), 얼굴 표현과 몸을 잘 움직였는지(느리티야,

발리우드 영화에 등장하는 그룹 댄스

Nritya), 리듬을 잘 구현했는지(느리타, Nritta), 이 세 가지가 갖춰져야 온전한 춤으로 평가받는다. 이 세 가지 요소는 대부분의 인도 영화에 녹아 있으며 영화의 성공을 결정하는 중요한 요소가 되어왔다.

전형적인 발리우드 영화를 인도 향신료 '마살라'로 표현하기도 한다. 극장을 찾는 인도의 남녀노소를 전부 즐겁게 하기 위해서는 다양한 맛을 내는 마살라처럼 여러 가지 요소를 보여줘야 한다는 것이다. 그러나 이제는 경제 발전과 세계화의 영향으로 인도 젊은이들도 할리우드 영화의 감성과 문법에 익숙해졌기 때문에, 할리우드 영화같이 이야기와 장르에 집중하는 신작 영화가 속속 늘어나고 있다. 그런데도 아직 인도는 할리우드 영화에 안방을 내어주지 않고 있다. 인도의 강력한 영화산업이 시장을 튼

튼하게 방어하고 있어 인도에서 할리우드 영화 시장 점유율은 몇 년 전까지 5% 정도였고, 지금도 늘어나고는 있지만 7% 수준을 넘지 못하고 있다.

이러한 현상에는 인도와 미국 사이의 문화 간극이 큰 점도 한 몫을 한다. 발리우드는 인도 문화와 전통을 관통하여 인도인들이 관심 있는 주제로 영화를 만들며, 지방마다 그 지방 언어로 제작되는 영화들이 시장을 지배하고 있다. 사실 발리우드에서도 인도 전체에서 흥행하는 영화를 제작하기 어려운데, 할리우드에서는 더욱더 어려울 것이다. 인도에서 제작되는 발리우드 영화 편수는 해마다 2천 편 정도에 이르는 데다가 영화 품질과 내용도

한국 카라반 행사 계기 인도 댄스팀이 춤추는 모습

점점 향상되고 있다. 이제 인도 감독들은 할리우드에서 유행하는 최신 영화 장비와 기법을 도입해서 흥행물을 만들거나 해외에서 올 로케이션으로 제작하는 대작도 만들고 있다. 할리우드 영화에 순순히 시장을 내어줄 정도로 발리우드 영화산업이 호락호락하진 않을 것이다.

이처럼 발리우드 영화는 '인도적인 것'을 만들어 내는 사회 통합의 역할을 한다. 특히 인도 영화의 대표적인 세 명의 유명한 남자 배우 칸(아미르 칸, 살만 칸, 샤룩 칸)은 다 무슬림인데도 인도인들 모두가 열광하는 국민배우들이다. 필자는 현대자동차의 홍보대사인 샤룩 칸과 행사장 무대 위의 옆자리에 앉아 대화를 나눈 적이 있는데, 행사에 참석한 인도인들의 열띤 반응을 보며 그의 엄청난 인기를 실감하였다.

〈인도국제영화제(International Film Festival of India, Goa)〉는 아시아 최초의 국제영화제로 1952년 항구 도시 고아에서 시작됐다. 이 유서 깊은 영화제에서 2016년 임권택 감독이 평생공로상을 받았다. 또한 〈한국-인도 영화 공동제작 포럼〉과 〈한국 영화의 밤〉 행사가 열리면서, 우리 영화 〈사도〉 〈밀정〉 〈암살〉 등이 상영되었다. 〈사도〉를 제작한 이준익 감독도 자리를 함께하여 임권택 감독과 영화가 사회의 변화와 발전에 얼마나 큰 영향을 미치는지

인도 국제영화제에서 수상한 임권택 감독과 축사하는 필자

에 대해 이야기를 나누며 한국도 그러했고, 인도도 그러할 것이라는 데 의견의 일치를 보았다.

필자는 이 행사에서 인도 문화부 장관과 함께 공동기자회견을 갖고 양국 간의 문화교류를 확대키로 발표하였다. 그 성과의 하나로 2016년 한국의 수묵화가 김호석 작품전이 인도의 국립현대미술관에서 개최되었다. 김호석 화백은 수묵화뿐 아니라 한국의 정통 인물화 화가로도 잘 알려져 있다.

필자는 그의 인물화 작품집을 모디 총리 사무실로 보내고, 요로를 통해 총리가 한국 전통 방식의 초상화에 관심이 있는지 넌지시 문의하였다.

그 후 얼마 지나지 않아 필자는 김 화백과 함께 총리 관저에서 모디 총리를 한 시간 가까이 만날 수 있었다. 김 화백은 초상화 작업을 위해 모디 총리를 사진 촬영하고 간단하게 스케치하였다. 준비작업이 끝나고 나올 때 모디 총리는 필자에게 이 작품이 완성되면 한국 대통령이 인도를 방문할 때 선물로 가져오면 좋겠다고 했다. 실제로 문재인 대통령은 2018년 인도를 방문하며 이 작품을 국빈 선물로 모디 총리에게 전달했다.

김호석 화백의 모디 총리 초상화

통합의 슬로건: 북방영토 회복

인도는 내부적인 통합 움직임과는 다르게 외부적으로는 파키스탄 및 중국과 영토 문제를 둘러싼 갈등을 겪고 있다. 카슈미르 지역은 영국 지배하에서 토후국(Jammu and Kashmir Princely State)으로서 자치권을 가지고 있었으나, 1947년 영국이 인도에서 철수하며 인도와 파키스탄 두 나라로 나누어지게 됨에 따라 다른 토후국들과 마찬가지로 어디에 소속될지 결정해야 하는 상황을 맞게 되었다.

카슈미르의 영주였던 하리 싱(Hari Singh)은 힌두교도로서 인도에 편입되기를 바랐으나, 무슬림이 대다수였던 주민들은 파키스탄에 편입되기를 원했다. 주민들의 바람과는 달리 하리 싱이 인도에 병합을 청원하자 파키스탄은 카슈미르 지역에 파병하게 되고 인도 역시 군대를 보내어 교전이 이루어지니, 이것이 바로 1947년 10월 발생한 1차 인도-파키스탄 전쟁이다. 결국 1949년 1월 유엔의 중재로 휴전이 이루어졌고, 양측간 협상을 거쳐 파키스탄령 카슈미르(아자드 카슈미르)와 인도령 카슈미르(잠무 카슈미르)로 나누어지게 되었다.

한편 중국은 영국이 그어 놓은 카슈미르 북부의 국경선을 제국주의의 유산이라면서 인정하지 않고 인도에 계속 영토 문제를 제기하다가 1962년 이 지역과 인도 동북부 아루나찰 프라데시 지역을 동시에 침공하였다. 인도군을 상대로 연전연승하던 중국군은 침공 한 달 만에 일방적으로 휴전 선포를 하고 물러갔지만, 중국은 이 전쟁을 계기로 카슈미르 동북부 악사이친(Aksai Chin) 지역을 점령하여 실질적으로 지배하게 되었다. 인도와 중국 간 국경선은 아직 미확정 상태인데, 양국은 통제선을 설정하고 사실

카슈미르

상의 국경선으로 인정하고 있으나 아직 갈등의 불씨가 남아있는 상태이다.

인도-중국 전쟁이 끝난 후 1965년 파키스탄이 수천 명의 게릴라를 침투시키면서 제2차 인도-파키스탄 전쟁이 발발하게 된다. 양국 간에 약 한 달간 교전을 벌인 끝에 1966년 소련의 중재로 평화협정에 합의함으로써 2차 전쟁은 종결되었다.

제3차 인도-파키스탄 전쟁은 파키스탄의 내전이 불러왔다. 1971년 동파키스탄(현 방글라데시)의 분리 시도로 발생한 파키스탄 내전에 인도군이 개입하면서 양국은 전쟁에 돌입하게 되었고, 인도군이 승리하면서 방글라데시가 독립하였다. 1972년 체결된 '심라협정(Shimla Agreement)'에 따라 양국은 분쟁을 종식하기로 하였고, 1차 인도-파키스탄 전쟁으로 확정된 휴전선을 통제선으로 설정하였다. 인도는 대외적으로 카슈미르 전체가 인도의 영토임을 분명히 하고 있지만, 현실적으로는 사실상의 인도-파키스탄 국경인 통제선을 준수하고 있다. 지금까지 카슈미르 지역에는 유엔평화유지군(PKO)이 정전 감시를 위해 남아있으며, 한국군 장교도 감시단의 일원으로 계속 파견되고 있다.

1947년 1차 전쟁을 시작으로 세 차례의 전쟁을 겪은 인도와 파키스탄에 카슈미르는 여전히 화약고로 남아있다. 2019년 초

파키스탄에서 넘어온 테러리스트들이 인도군을 공격하여 사상자가 발생하였고, 인도 정부는 파키스탄 영토 깊숙이 폭격을 감행하였다. 이로 인해 양국 간에 긴장이 높아졌으나 더 이상의 위기 고조는 막아 전쟁으로 이어지지는 않았다. 외국과의 대결은 자국민의 단합을 가져온다. 곧이어 있었던 총선에서 모디 총리는 승리를 거두었고, 모디 정부는 이어서 2019년 8월 그동안 잠무 카슈미르에 부여되었던 특별 자치권을 폐지하고 두 개의 연방 직할지로 만들었다. 이 조치로 카슈미르 지역의 영유권에 대한 확실한 의지를 밝힌 것이다. 파키스탄과 서방의 언론은 모디 정부가 카슈미르 무슬림을 탄압한다고 비난하였지만, 다수의 인도 국민이 오히려 BJP당을 중심으로 결집하는 결과가 되었다. 이렇게 북부 영토의 문제는 통합의 슬로건으로 활용된다.

#5

인도의 구심점 델리

분열과 통합의 인도 역사를 설명하는 데 인도의 수도 이야기를 빼놓을 수 없다. 그런데 인도의 수도가 델리인지, 뉴델리인지 잘 모르는 경우가 많다. 델리는 12세기 북방 술탄왕국의 수도였고, 무굴제국도 1857년에 망할 때까지 델리를 수도로 삼았다. 델리에 있는 붉은 성(Red Fort)은 무굴제국의 세 번째 황제인 샤자한이 1648년 건립한 성으로서 무굴제국의 궁으로 쓰였다. 성 앞의 광장은 1947년 8월 14일 자정 직전에 네루 총리가 인도의 독립을 선포하는 감동적인 연설을 한 곳이기도 하다.

붉은 성 전경

반면 뉴델리는 영국이 새로 건설한 도시이다. 영국은 1857년부터 콜카타를 수도로 정하고 인도를 직접 통치하였다. 그러나 콜카타에서 영국에 대한 저항운동이 일어나는 가운데 인도를 제대로 통치하려면 인도 전체의 중심지로 가야 한다는 주장도 있어, 1911년 델리로 천도를 결정하고 거대한 관공서 단지를 짓기 시작했다. 새로 조성하는 지역은 뉴델리(New Delhi), 그리고 붉은 성과 그 인근 지역은 올드델리로 불렀다.

천도 선포 행사에는 영국 조지 5세 국왕의 대관식도 거행되었으며, 인도 전역에서 많은 토후국 영주들도 참석하였다. 20년 간 공사를 거쳐 1931년 지금의 대통령궁과 관공서 건물이 완성되었다. 현재의 인도 수도는 올드델리와 뉴델리를 아우르는 델리 특별시(National Capital Territory of Delhi)이다. 영국이 지어놓은 대통령궁과 의회, 관청가

영국 조지 5세 국왕 대관식에
인도 토후국 영주들이 참석하여 인사하는 모습

는 계획적으로 구획된 넓은 지역에 장엄하게 솟아 있다. 올드델리에는 복잡한 전통시장과 함께 아름다운 무굴제국의 유적이 시내 곳곳에 남아있다.

델리에는 고위 공무원들을 위한 관사 지구가 있는데, 고위관료뿐 아니라 초급 사무관부터 관사가 나온다. 물론 고위직이 아닌 관료들은 아파트 단지에서 거주한다. 델리에 거주하는 모든 관료는 최소한 몇 년은 의무적으로 28개 주 중 한 군데에서 순환

올드델리 전통시장 풍경

근무를 해야 하며, 이러한 과정에서 중앙과 지방 간의 소통과 협력이 이루어진다. 주총리는 연방정부 장관급이고 주장관은 연방정부 차관급에 해당하는데, 필자와 여러 번 만났던 국방장관은 고아 주총리가 되기도 했다. 관료들의 순환 근무는 인도라는 큰 나라를 하나로 통합해 나가는 데에 큰 역할을 한다.

델리 관청가

　뉴델리에 널찍하게 자리 잡은 외국 대사관 단지도 명물이다. '차나캬(Chanakya)의 도시'란 뜻을 가진 차나캬푸리(Chanakyapuri) 지역이다. 차나캬는 기원전 3세기 마우리아 왕조 찬드라굽타왕의 고문이자 총리로 명성을 날린 인물이다. 1951년 네루 총리는 전(숲) 인도국민회의위원회(AICC: All India Congress Committee)를 개최할 장소를 물색했다. 국민회의 당원 전체가 참석할 수 있는 곳을 찾던 중 대통령궁 남쪽 지역에 숲으로 뒤덮인 넓은 부지를 정비해 행사 장소로 활용하기로 했다. 행사가 끝난 다음에는 이 지역에 외국 대사관을 유치키로 했다. 네루 총리는 외국 대사들에게 각자 최고의 건축기술을 활용한 고유 양식의 대사관을 지을 것을 제안했다. 비동맹의 맹주였던 인도는 개도국들에도 좋은 위치에 대사관 부지를 제공했고, 각 나라는 독특한 조경이나 건축 양식을 반영하여 자국 고유의 정체성을 표현한 대사관을 건립했다.

1955년 바티칸이 차나캬푸리에 처음 대사관을 세웠으며, 가장 최근에 건설된 것은 2012년 팔레스타인(PLO) 대사관이다. 사실 비동맹 맹주였던 인도는 팔레스타인을 국가로 인정한 최초의 나라들 가운데 하나이다. 미국 대사관은 케네디 센터와 비슷한 모습이다. 영부인 자격으로 인도를 방문했던 재클린 케네디 여사는 미국 대사관 건물의 건축 양식에 깊은 인상을 받았고, 훗날 케네디 대통령이 암살된 후 워싱턴 포토맥강 변에 케네디 센터를 짓는 과정에서 델리의 대사관 건물을 지은 건축가에게 설계를 맡기며 비슷하게 지어달라고 부탁했다고 한다. 한국은 당초 이 외교단 단지에는 못 들어갔으나 1978년, 단지 끝자락에 부지를 구하고 김수근 건축가의 설계로 올드델리의 붉은 성의 콘셉트를 활용한 아름다운 건물을 지었다. 한국 대사관은 외교단지 안에서도 명물이 되었다.

우리 대사관에서 인도 외교부가 있는 관청가로 가기 위해서는 항상 외교단지 한복판을 통과해야 했다. 어떤 나라는 국력에 비해 너무 허장성세를 부린 티가 났고, 어떤 대사관은 드러내지 않는 가운데 단단함과 우아함이 배어 나와 과연 명불허전이라는 생각이 들기도 했다. 여러 대사관 건물들을 보면서 그 나라가 중시하는 가치가 무엇인지, 어떻게 국가를 운영하는지, 여러 도전을 어떻게 극복하고 있는지 생각이 꼬리를 물었다. 결국 공정함, 자유, 좋은 통치, 효율성 등 한 나라가 가진 기본적인 내공이 외교력의 바탕이 된다는 점을 생각하다 보면 어느새 외교단지를 빠져나오곤 했다.

주인도 한국 대사관 전경

#6

인도는 과거를 묻어둘 것인가?

인도에서 한국에 관한 강연을 하고 나면 빠지지 않고 나오는 질문이 왜 한국은 일본을 용서하지 못하느냐는 것이다. 이런 질문을 하면서 인도가 영국에 대해 얼마나 아량이 넓은지 자랑스레 설명하는 인도인들도 많았다. 대사관저 만찬에 온 인도 언론인이나 교수들과도 이런 논쟁을 벌인 경우가 몇 번이나 있었다. 필자는 화를 참으며 일본은 위안부 문제와 같은 반인륜적 범죄를 저질렀으며, 어떤 지도자가 사과하더라도 곧바로 그의 주변 정치인이 이를 부인하는 행태를 보여 왔고, 젊은 세대에게 역사를 왜곡되게 가르치는 등 문제가 심각하다고 설명하였다. 더하여 일본은 우리의 언어와 문화를 말살하려는 동화정책을 추진했지만, 영국은 인도에서 부(富)만 착취하려고 했다는 점에서 큰 차이가 있다고 설명하면 대개는 끄덕끄덕하곤 했다. 물론 간혹 끝까지 수긍하지 않고 논쟁을 이어가는 사람도 있었다.

사실 인도 역사에서 하나의 중앙집권적 정치체제로 통합된 기간이 있었는지에 대해서는 이견이 분분하다. 다양한 인종과 언어의 존재에 비추어 볼 때, 철기 시대 마우리아 왕국이나 근세의 무굴제국도 과연 통합된 하나의 나라였는지 의문을 제기하는 것이다. 이러한 현실을 바탕으로 영국은 처음부터 인도에 대해 분열시키고 통치하는(divide and rule) 전략을 구사했다.

영국 지배하에서 토후국들은 어느 정도의 자치권을 부여받았다. 프랑스만한 면적의 영토를 지배한 라자스탄 같은 토후국도 있었는가 하면 몇 개 마을을 다스리는 정도의 소규모 토후국도 있었다. 영국은 이들 토후국으로 하여금 적절히 서로 견제하게 하면서, 최소한도로 필요한 인원만으로 인도를 경영하며 부(富)와 자원을 가져갈 수 있었다. 동인도회사의 인도 진출까지 합하면 300년 가까운 기간 동안 인도에 체류하는 영국인은 10만 명이 넘은 적이 없었다고 한다. 주둔 군대도 2개 사단에 불과했다.

한편 토후국들의 영주로서도 영국 통치가 나쁠 것은 없었다. 영국 덕에 토후국 간에 전쟁이 일어날 가능성도 없었으며 영주들은 영국에 협조하는 대가로 융숭한 대접을 받으면서 편히 살 수 있었다. 토후국 중의 하나인 자이푸르 영주 만싱 2세의 세 번째 부인이며 패션잡지 보그(Vogue)가 뽑은 20세기 10대 미녀 중 한 명이기도 했던 가야트리 데비가 쓴 자서전(A Princess Remembers: The Memoirs of the Maharani of Jaipur)은 당시 영주들의 생활상은 물론 영국에 대한 태도를 가늠해 볼 수 있는 좋은 자료이다. 이 자서전에는 스위스 유학 시절의 에피소드와 전용기를 타고 영국에 가서 쇼핑을 즐겼던 일화들이 실려 있지만, 독립을 꿈꾸거나 영국 통치에 분노하는 이야기는 나오지 않는다. 그녀는 인도 독립 후인 1960년대에 하원의원으로 당선되어 일부다처제에 반대하는 등 사회운동을 하였으니, 뒤늦게나마 왕비의 책임을 다하고자 노력했다고 평가받을 만하다. 당시에 인도 각지의 토후국 영주들이 유럽식으로 지은 왕궁들은 지금은 대부분 호텔이나 박물관 등으로 활용되고 있는데, 자이푸르 왕궁도 마찬가지이다. 가야트리 데비가 쓰던 방은 최고급 스위트룸으로 사용되고 있으며, 그녀의 사진을 담은 기념품들이 호텔의 홍보에 활용되고 있다.

자이푸르 왕궁

분열에 의한 통치 전략에 따라 영국 지배 기간에 힌두와 무슬림 간의 대립, 그리고 카스트 간의 반목은 심화되었다. 사실 이러한 분열정책의 결과로 발생한 가장 큰 사건은 1947년 인도가 영국에서 독립하며 인도와 파키스탄 두 나라로 갈라진 것이다. 물론 무슬림과 힌두의 반목이 영국의 책임 만이라고 할 수는 없겠지만, 이 과정에서 그때까지 함께 살아온 무슬림과 힌두교도들 천만 명이 인도와 파키스탄으로 각각 이동하였으며 이러한 대규모 인구 이동 과정에서 약 백만 명에 달하는 사상자가 나왔다.

그러나 인도인들은 영국의 지배에 대해 나쁜 감정을 드러내지 않았다. 근세사를 굴욕의 100년이라고 말하는 중국과 달리, 어느 인도 지식인은 술탄왕국부터 무굴제국을 거쳐 영국 지배에 이르기까지의 기간을 힌두교도들이 천 년간 외국을 경험해 본 것(one thousand years' foreign experience)이라고 표현하기도 했다. 해학과 허풍도 이 정도면 경지에 올랐다고 해야 할까?

오히려 많은 인도인은 영국 덕분에 크고 복잡한 인도가 하나의 나라로 통일되었으며, 여기에는 영어와 철도가 중요한 역할을 했다고 설명한다. 물론 인도에도 식민지 시절 저항운동뿐 아니라 영국이나 서구 국가들에 대한 반감은 있었다. 1905년 러일 전쟁에서 일본이 승리하자 인도의 지식인들은 동양인이 유럽인을 이겼다는 사실을 놀랍게 받아들였고, 실제로 적지 않은 인도인들이 일본 해군 제독의 이름 '도고'로 개명하는 일까지 있었다고 한다. 그러나 이들은 자신들의 지배국인 영국이 러시아의 남하를 우려하여 일본을 암암리에 지원한 것이 일본의 승리에 중요한 역할을 했다는 사실은 아마도 몰랐으리라.

필자는 2015년 무커지 대통령에게 신임장을 제정하였다. 대통령궁에서 이루어진 신임장 제정식을 마치고 나오다가 궁의 복도에 마지막 영국 총독 부인의 초상화가 걸린 것을 보고 깜짝 놀랐다. 2016년 4월 영국의 왕손 윌리엄 부부가 인도를 방문하였을 때 영국 대사관저 리셉션에 참석했던 필자는 윌리엄 왕자 부

인도를 방문한 영국 왕손비가 인도 국민들에게 환영받는 모습

영국 총독을 가운데에 모시고 토후국 영주들과 찍은 사진이 제국호텔 복도에 걸려 있다.

부를 배경으로 연신 셀피를 찍던 인도인 참석자들의 들뜬 모습을 보면서, 인도인들의 과거에 대한 태도를 짐작할 수 있었다.

영국이 뉴델리 천도를 선포한 1911년에 지어진 제국호텔 (Imperial Hotel)의 복도에는 오래된 사진들이 많이 걸려 있다. 대부분 영국 지배 시절의 사진으로서, 특히 눈길을 끄는 것은 영국 총독을 가운데에 모시고 수백 명의 토후국 영주들이 찍은 사진이다. 이곳이야말로 제국 시대를 그대로 보존하고 있으니 과거 대영제국의 영광에 향수를 가진 사람들이 즐겨 찾겠구나 하는 생각

델리의 혼잡한 빈민가

을 항상 하곤 하였다. 가끔은 도쿄의 제국호텔에서 느꼈던 묘한 감정을 다시 느끼기도 했다.

필자는 웨스트 벵갈의 바네르지 주지사가 2015년 주최한 무역 투자 행사에 주빈의 한 사람으로 참석하였다. 주 수도인 콜카타는 과거 영국 식민지 수도였기에 당시 지은 웅장한 건물들과 무질서한 빈민가가 공존하고 있었다. 1901년에 인도 황제를 겸하고 있던 빅토리아 여왕이 서거하자, 당시 영국 총독의 제안으로 인도 기업인들이 성금을 갹출하여 빅토리아 여왕의 인도 통치를 기념하는 웅장한 기념관을 지었다. 지금은 박물관으로 사용되고 있는 이 기념관에는 지금도 많은 인도인 관광객들이 찾아온다.

인도는 영국 제국의 일부이다 보니 두 차례의 세계 대전에도 참전할 수밖에 없었다. 전쟁 기간 중 수백만의 인도 병사들이 징집되어 십수만 명이 사망하였다. 1차 대전 때에는 마하트마 간디도 독립의 희망을 품고 참전에 찬성하였고 수많은 인도 병사들이 유럽과 아프리카 각지에서 영국군과 함께 싸웠다. 그러나 영국은 자치에 관한 협상은 하면서도 독립을 허용하지는 않았다. 2차 대전 때에도 전쟁 초기에는 인도 지도자들이 비협조 원칙을 정하고 참전에 반대하였으나, 네루가 파시즘에 반대한다는 이유로 영

인도 마지막 영국 총독 마운트배튼(Louis Mountbatten)

국을 지지하고 나섰으며 이 과정에서 인도의 독립운동가들은 자치가 아닌 완전 독립 쟁취를 목표로 정하고 비폭력 독립운동을 전개하였다. 간디와 네루 같은 독립투사들은 영국에 항거하여 직접 전쟁을 하지는 않았다. 체제 내에서의 투쟁을 택한 것이다.

반면 영국군과 전쟁을 치른 독립운동가로는 벵골 출신의 찬드라 보스가 있다. 그는 간디의 비폭력 운동에 회의적이었다. 2차 대전이 발발하자 독일로 잠입하여 히틀러를 만나 독일군과 함께 인도 침공 방안에 관해 협의하였으나 히틀러의 우선순위가 인도 침공이 아니라는 것을 깨닫고 일본으로 건너갔다. 찬드라 보스는 일본의 지원 아래 1943년 일본령 싱가포르에서 인도 임시정부를 수립하였으며 일본군에 잡힌 영국군 소속의 인도인 포로들과 동남아 지역의 인도인들을 규합하여 미얀마(구 버마)와 필리핀에서 연합군을 상대로 싸웠다.

인도는 이들을 어떻게 평가하는가? 찬드라 보스는 독립 영웅으로 숭상된다. 보스와 함께 일본군 편에서 싸웠던 인도 병사들은 반역죄 혐의로 재판에 회부되었으나 여론이 이들을 적극적으로 옹호하면서 처벌은 흐지부지되었다. 그들은 인도 국민에게 총부리를 겨눈 것이 아니라 영국군을 포함한 연합군을 상대로 싸웠기 때문이라는 이유였다. 복잡한 과거를 현명하게 풀어간 점이 인상적이다.

찬드라 보스에 관한 일화가
하나 더 있다. 2016년 모디 총
리는 그에 관해 인도 정부가 가
지고 있던 비밀문서를 공개했
다. 그중 가장 놀라운 사실은
당시 클레멘트 애틀리 영국 총
리가 인도를 포기한 이유는 마
하트마 간디가 아니라 찬드라

인도 독립운동가 찬드라 보스

보스가 조직한 인도 국민군 때문이었다고 밝힌 것이다. 애틀리
총리는 2차 세계 대전 전장에서 실전 경험을 갖춘 영국군 소속의
인도 병사들이 인도 국민군에 투항하여 영국군을 공격하게 될 가
능성을 우려하여, 영국에게 덜 적대적인 마하트마 간디의 국민회
의가 정권을 잡도록 독립을 허용했다는 것이다. 실제로 1946년
영국군 소속의 인도 해군 장병들이 반란을 일으켜 뭄바이 항구를
점령하는 사건이 일어났으니 이러한 우려가 전혀 근거가 없는 것
은 아니었다.

일부 미화된 기억에도 불구하고, 영국의 지배가 결코 인도를
위한 것이 아니었다는 것을 증명하는 많은 역사적 사실이 있다.

인도에 대한 수탈과 자원 유출은 영국 지배 기간 내내 이루어졌다. 1866년 오리사 지방의 극심한 기근에도 영국은 수만 톤의 곡식을 가져갔고, 1940년대 초 벵갈 지방의 기근으로 거의 4백만 명이 아사하였는데도 영국은 이를 방치했다. 철도는 인도인들조차 영국이 남긴 좋은 유산이라고 하지만 사실은 석탄, 철광석, 면화 등 자원을 착취하는 데에 활용되었다. 인도인에 대한 일상적인 차별은 당연했고, 1919년에는 암리차르 학살과 같은 끔찍한 만행도 있었다.

인도의 만원 기차에 매달려가는 승객들

그런데도 일부 인도 지식인들은 인도가 영국에 의해 근대화되었다고 주장하였다. 그러나 찬란한 고대문명을 이루었던 인도가 영국의 지배가 없었다고 해서 근대화를 못 하였을까? 영국에 의해 개발과 근대화가 이루어진 것은 사실이지만, 개발로 인한 부의 상당 부분은 영국으로 이전되었다. 그로 인해 많은 인도인이 굶주렸고 독립 뒤에도 가난에 시달리게 되었다. 영국의 수탈 뒤에 남겨진 식민통치의 잔재, 즉 분열과 저개발은 독립 이후에도 긴 그림자를 드리우고 있다.

영국의 인도 경영이 만든 결과 중 하나는 해외에 퍼진 인도인들이다. 19세기 영국은 아프리카와 중동, 아시아에 있는 식민지 경영에 인도인들을 활용하였다. 정부의 하급관리와 군인들도 있었지만, 수만 명씩 송출된 계약노동자도 많았다. 그 결과 오늘날 해외에 거주하는 인도인들은 2천만 명에 이른다. 태평양 피지에는 대부분 사탕수수 농장 노동자로 차출됐는데 현재 이들의 후손이 피지 전 국민의 40% 정도를 차지하고 있다. 아프리카, 중동 지역에는 상권을 잡고 있는 인도인들이 많이 있다. 전 세계적 네트워크로 무역과 금융업에서 이름을 떨치는 마우아리 상인들도 그중의 하나이다. 인도 정부는 이들을 활용하기 위해 이들에게 이중국적을 허용하는 등 여러 가지 혜택도 주고 있다. 또한 영국에 정착해서 성공한 인도인들도 많다. 2016년 인도계 여성 정치인이 영국의 개발협력장관이 되어 인도를 방문하였을 때 인도 언론의 큰 주목을 받았다. 당시 TV 대담에 나온 어느 기자는 150만 인도계 영국 시민 중에서 언젠가 총리도 나올 것이라면서 그렇게 되면 과거 영국-인도 통합 왕국 시절로 돌아가는 것이라고 조크를 했다. 영국 주류사회로 진입하고 있는 인도계 후손들의 활약을 자랑스럽게 여기는 가운데 굳이 얼굴 붉히지 않으면서도 과거 식민통치를 비꼬는 인도 지식인 특유의 수준 높은 해학이었다.

영국 식민시대를 보는 인도인들의 시각은 최근 들어 조금씩 변화하고 있다. 영국 통치 시절의 문제점이 새롭게 논의되는가 하면, 인도인들의 친영(親英) 행각 문제도 나오고 있다. 워낙 영국의 지배 기간이 길다 보니 그간 인도에서 친영파 문제는 크게 제기된 적이 없었다. 간디와 네루를 포함하여 고등교육을 받은 사람들은 대부분 영국에 유학한 경우가 많았고, 영국의 의회민주주의 제도와 법의 지배원칙을 받아들이며 어느 정도 영국을 인정하는 선에서 출발할 수밖에 없었다. 네루는 '동양에서 나온 최고의 영국 신사'라고 불리기도 하였다. 또한 많은 인도인이 영국의 하급관리나 군인으로 전 세계로 나가서 오랜 기간 영국의 다른 식민지 경영에 참여하였지만, 이들이 독립 후에 친영파로 지탄받을 일은 없었다.

그러나 하원의원이며 저술가인 샤시 타루르(Shashi Tharoor)의 《인도, 암흑의 시대(An Era of Dark ness)》는 그동안 당연하게 여겨왔던 영국 지배의 문제를 새로운 관점에서 제기하였다는 점에서 주목할 만하다. 이 책은 영국을 흠모하고 영국 문화를 추종했던 인

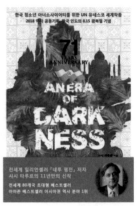

〈인도, 암흑의 시대〉한국판

사들의 행적도 소개하고 있다. 이들은 영국인보다 더 영국적이었던, 식민지 국민이더라도 영국 치하가 더 좋다면서 자기 조국인 인도의 후진성을 조롱하고 영국의 식민지 지배를 정당화한 인물들이었다. 필자는 샤시 타루르가 유엔 사무차장일 때에 만난 적이 있었고, 2016년 초 델리에서 재회하였다. 당시 샤시 타루르는 필자에게 책을 집필 중이라고 하면서 영국의 인도 지배에 대한 미화, 특히 영국에 의해 인도가 개발되었다는 논리의 허구를 타파하고자 한다고 설명하였다.

최근 한국에는 일본 극우파의 주장을 그대로 베낀 것처럼 우리 역사를 왜곡하려는 시도가 있어서 걱정스럽다. 위안부가 매

춘부였으며 징용자들이 자발적으로 일본으로 갔다는 것이다. 이에 비하면, 인도인 친영파들의 행적은 차라리 낭만적인 수준으로 보인다. 이제 인도가 부상하면서 많은 인도인이 인도인으로서의 자긍심, 정체성, 존엄성을 더 의식하고 찾게 될 것이다. 너무 형편이 어려우면 과거의 억울함을 이야기할 여유나 있었겠는가 하는 생각을 해 본다. 사실 한국에서 독립 후 반세기를 훌쩍 넘긴 지금에서야 일부의 과거사 문제가 새롭게 제기되고 있는 것도 마찬가지이다. 물론 과거에도 식민지배에 대한 반감이 없었을 리는 없다. 샤시 타루르의 책에는 영국 지배 시절 인도를 방문한 영국 왕자가 인도인 관리에게 영국이 철도, 빌딩, 도로를 인도에 다 만들어 주었다고 의기양양하게 뽐내면서 인도에 없는 것이 있느냐고 물어보았더니, 그 관리가 "예, 다 있고 자존심만 없습니다"라고 했다는 일화가 소개되어 있다.

최근 인도에서 영국 식민지 시대에 불리던 도시 이름을 인도식으로 개조하자는 운동이 일어나고 있는 것도 이런 맥락에서 이해될 수 있다. 2016년 인도 정부는 델리의 위성도시인 구르가온을 '구루들이 사는 땅'이라는 뜻의 '구루그람'으로 개칭하겠다고 발표했다. 이미 봄베이가 뭄바이로, 마드라스가 첸나이로, 캘커타가 콜카타로 개칭된 바 있는데 이러한 고유이름 찾기 운동은 영국 지배 시절에 지어진 것뿐 아니라 무굴제국 당시에 지어진 이슬람식 이름을 힌디어로 바꾸는 데까지 확장되고 있다. 물론 인도인들의 성향상 역사를 지우거나 영어를 몰아내는 것 같은 극단적인 방법으로 과거의 영광을 재현하려고 하지는 않을 것이다. 과거를 재평가하되, 균형 잡힌 시각으로 과거를 볼 것이다. 인도의 실용주의는 과거를 극복하는 데 중요한 요소가 될 것으로 보인다.

인도의 과거사 문제와 관련하여 참고해 볼 만한 것이 있다. 하나는 '세포이의 난', 다른 하나는 영화 '라간(힌디어로 세금이라는 뜻)'이다. 둘 다 우리에게 깊이 생각할 거리를 던져 준다. 1857년에 일어난 무력항쟁을 영국인들은 세포이의 난으로 부르지만, 인도는 제1차 독립전쟁이라고 부른다. 속설에 따르면 세포이(인도인 병정들을 부른 이름)에게 소, 돼지기름으로 총기를 닦으라고 한 것이 반란의 원인이 되었다고 하지만, 사실은 어느 토후국의 영주가 동인도회사로부터 받는 지원금을 인상하기 위해 매우 유능한 신하를 런던에 파견한 데서 비롯되었다고 한다. 이 신하는 동인도회사 본사에 가서 지원금 인상 교섭을 하였는데, 그 교섭에는 실패했으나 당시 런던의 모습을 보고 깜짝 놀랐다고 한다.

인도에서 본 영국인들은 도저히 대적할 수 없는 다른 세상의 사람인 줄 알았는데, 1850년대 런던은 그가 상상해 왔던 화려하고 기품 있는 도시가 아니라 빈민굴과 사창가가 산재하고 어린아이들을 장시간 노동에 내몰던 추악한 도시였다. 더욱이 그는 귀로에서 크리미아 전쟁을 목도하게 되었는데, 개전 초기 영국군이 러시아군에게 대패한 것을 보고 큰 충격을 받았다. 그는 영주에게 영국인들은 그리 대단한 사람들이 아니며 인도인들이 단합만 하면 얼마든지 물리칠 수 있으니 자신감을 가져야 한다고 보고했다. 이 말에 고무된 토후국 영주가 영국에 대항할 생각을 하기 시작했다는 것이다. 어쨌든 독립군은 한때 상당히 넓은 지역을 점령하기도 하였으나, 영국 정부가 직접 군대를 파견하면서 결국 무참히 패배하였다.

이 전쟁의 결과로 영국 정부는 동인도회사를 제치고 직접 인도를 지배하기 시작하였고, 빅토리아 여왕이 인도 황제를 겸하게 되었다. 영국 정부는 동인도회사로부터 인도를 인수하기 위해 엄청난 대금을 지급하였지만, 그 대금은 결국 인도로부터 거두어들인 세금으로 충당하였다. 또한 힌두와 무슬림 병사들이 단합해서 영국군에 대항한 데에 놀란 영국은 이들을 분열시키는 통치 방식을 더욱 강화하였다. 영국을 직접 보고 나서 가진 자신감을 바탕으로 시작한 독립전쟁이 오히려 영국의 직접 통치를 불러온 것이다.

결국 인도의 독립은 백 년이 지나서야 실현되었다. 민족의 자존감은 진정한 실력이 바탕이 되어야 한다. 런던에 갔던 토후국의 신하는 영국을 피상적으로만 보고 영국의 진정한 힘과 엄연한 국제정치 현실을 오판한 것이다. 비록 세포이 항쟁은 실패로 끝났지만, 인도인들의 독립을 향한 염원과 자존감을 보여주었다는 데 큰 의의가 있다.

한편 발리우드 영화 〈라간〉은 영국의 식민지배와 관련하여 많은 생각을 하게 만드는 작품으로, 영국 군인이 통치하는 인도의 작은 마을에서 일어나는 이야기를 담은

영화 〈라간〉 포스터

영화이다. 영국군 장교가 세금을 올리려고 하자 주민들이 반발한다. 그러자 그는 주민들에게 크리켓 경기를 제안하면서 주민들이 영국군을 이기면 세금을 올리지 않겠다는 약속을 한다. 크리켓을 해 본 적이 없던 주민들은 세금 인상을 막기 위해 열심히 연습하여 결국 영국군 팀을 이긴다.

비록 영국이 만든 규칙의 게임이지만, 그것을 거부하기보다는 배워서 이기면 된다는 철학이 깔려있다. 이러한 철학은 식민지를 경험한 나라가 부딪히게 되는 딜레마를 암시한다. 서구 세력은 동양(중동과 인도, 나중에는 중국)을 침공하여 지배를 시작하면서 그 지배를 정당화하기 위해 동양의 문제점을 부각했다. 동양은 문명의 발상지이지만 이후 비합리적 방향으로 잘못 발전되었으며, 따라서 서구에 의해 다스려지는 것이 오히려 낫다는 논리이다. 일본도 이 논리를 이용하여 한반도 지배를 합리화하려고 했다. 근대의 역사와 과학 문명이 서구에 의해 주도되었기에 이러한 논리를 정밀히 부인하기는 쉽지 않다.

중동 출신의 학자 에드워드 사이드(Edward Said)는 '합리적인 서양과 비합리적인 동양'이라는 작위적 이분법을 바탕으로 서구의 지배와 착취를 합리화하는 '편견 만들기'를 오리엔탈리즘이라는 용어를 사용하여 비판하였다. 영국이 만든 크리켓을 열심히 연마하여 영국군 팀을 이긴 인도인들은 나름 오리엔탈리즘을 극복한 것이 아닐까 생각해 보았다.

7

비동맹에서 대국 외교로

　인도는 독립 직후부터 비동맹운동(Non-aligned movement)의 리더로 부상했다. 네루 총리는 1965년 인도네시아에서 개최된 비동맹정상회의에서 '반둥선언'이 나오는 데 산파역을 함으로써 비동맹운동의 지도자로 떠올랐다. 그러나 21세기에 들어서서 인도는 미국과 중국에 이어 세 번째로 큰 영향력을 가진 G-3로 불릴 만큼 대국으로 성장하였으며, 외교 행태도 과거 전형적인 비동맹의 틀에서 벗어나 훨씬 실용주의적인 접근을 하는 모습을 보인다. 실제 모디 총리는 2019년 10월 아제르바이잔에서 개최된 비동맹정상회의에 인도 총리로서는 처음으로 불참하였다.

　사실 이러한 실용주의적 접근은 건국 초기부터 있었다. 네루 총리는 비동맹 정책에도 불구하고 1950년 한국전쟁이 발발하자 즉각 파병을 결정하고 대대급 의료부대 600여 명을 파견하였다. 의료부대라고는 하지만 유사시 낙하산을 타고 최전방에 긴급투입되는 정예부대였다. 두 명의 전사자도 나왔다. 필자는 인도 부임 후 첫 출장지로 이 부대를 방문하였다. 사령관실에는 한국전쟁 당시 김포, 대구에서 부상자들을 치료하는 인도 의료진들과 줄을 서 차례를 기다리는 한국인들의 사진들이 걸려 있었다. 또한 영국의 마지막 총독 부인이 한국을 방문하여 이 부대를 사열하는 사진도 있었다. 인도 대통령궁에 걸려 있는 초상화의 주인공인 마운트배튼 부인으로서, 독립 후에도 유지된 인도와 영국과의 관계를 단적으로 보여주는 장면이었다.

1952 년 8월 Edwina Mountbatten 여사가 한국의 60 야전 부대를 방문하는 모습

한국전쟁 당시 60 야전 부대를 방문한 마운트배튼 여사

2016년에 이 사진들을 인계받아 대사관에서 전시회를 열었고, 이후 인도 측의 협조로 부산 유엔평화기념관에 영구 전시하고 있다. 필자는 또한 참전용사들과의 정기적인 만남도 가졌다. 90세가 넘은 분들로서 전(前) 육군참모차장, 군의관으로 참전하였던

의사, 포로 교환을 감독하였던 중대장도 있었다. 그들은 한국에서의 시절을 회상하면서 무엇보다도 혹독한 한국의 추위가 아직도 기억에 생생하다고 했다. 따뜻한 기후 속에 살던 인도인들에게 한국의 추위가 얼마나 가혹하였을 것인지 짐작할 수 있었다.

1953년 정전이 되고 포로 교환이 시작되자, 인도는 포로 관리를 위한 2천여 명의 여단급 병력을 추가로 파견하였다. 이 부대는 1953년 10월에 한국에 도착하여 포로 관리와 송환 업무를 담당했는데, 필자가 만난 90세의 참전용사는 당시 포로수용소 내부의 참혹한 상황을 말해 주었다. 이들은 남북한이 아닌 제3국을 선택한 한국인 포로 76명을 데리고 인도로 돌아갔는데, 대부분은 남미로 이주하였으나 10여 명은 인도에 정착하였다. 최인훈의 소설《광장》의 실제 주인공들이다.

필자는 마지막 생존자인 인민군 대위 출신의 현동화 전(前) 한인회장과 가끔 만나 과거 이야기를 듣곤 했다. 북으로 돌아갈 유일한 이유였던 어머니가 돌아가셨다는 소식에 인도를 택했는데, 오랜 시간이 지난 뒤에 서울을 방문했다가 어머니와 재회한 사연을 비롯하여 델리에서 양계장을 운영하면서 겪었던 어려움과 성공담 등 그야말로 감동적인 이야기들이었다. 대사를 마치고 귀임하던 시점에 한국 정부는 그에게 한국-인도 관계에 공헌한 공로를 인정하여 훈장을 수여하였다.

인도의 대국 외교는 점차 강해지고 있는 130만 군대를 배경으로 이루어지고 있다. 인도의 지상군은 중국과 미국에 이어 세계 3위 규모를 자랑한다. 소련 붕괴 이후 대부분 국가가 감군했던 것과 달리, 인도는 별다른 병력 감축을 하지 않았다. 이 같은 대규모 군대의 존재에도 불구하고 현재까지 인도에서는 쿠데타가 한 번도 없었다. 영국 식민지 시절부터 군이 정치에 관여하지 않는다는 전통을 유지해 왔기 때문이다.

인도의 문민 통치 전통은 매우 확고하며 헌법에서도 이 부분을 강조하고 있다. 현재 인도 국방부에는 단 한 명의 현역 장교도 없다. 전원 민간인으로 구성된 국방부의 지시를 각 군이 이행한다. 2015년 한국 국회의장이 인도를 공식 방문했을 때 대표단을 수행해서 인도 국회의사당에 들어가려던 대사관의 국방무관은 낭패스러운 일을 당했다. 바로 직전 간디 묘소 헌화 행사 때 입은 군 정복 차림으로 국회의사당에 도착했는데, 의사당 안으로 입장을 허용치 않아서 대표단이 나올 때까지 밖에서 기다려야 했다. 외국군은 물론 인도군도 군복 차림으로는 국회의사당에 들어갈 수 없다니, 인도가 얼마나 철저히 문민우위 원칙을 지키려고 하는지 알 수 있는 해프닝이었다.

필자는 2016년 인도 중부 사령부를 방문해서 유엔평화유지군(PKO) 활동에 대해 강연할 기회가 있었다. 이때 만난 인도 장교들은 문민우위 전통에 대한 강한 자부심이 있었다. 고급 장교들이 사회적, 경제적으로 상당한 대우를 받는 것도 느낄 수 있었는데, 이 점도 이러한 전통을 유지하는 것을 가능케 했을 것이라는 생각이 들었다.

인도는 사실상의 핵무기 보유국이다. 미국, 중국, 러시아에 이어 위성요격무기로 저궤도 위성을 격추하는 데 성공한 극소수 국가 중 하나이기도 하다. 2018년 인도의 국방예산은 GDP의 2% 수준이며, GDP가 빠르게 증가함에 따라 국방비도 점점 늘어나고 있다. 지난 몇 년 전부터 인도군은 무기 현대화 작업의 일환으로 신형 장비를 적극적으로 도입하고 있다. 방위산업의 확장은 모디 정부의 우선순위이며, 방위산업은 제조업 강화 정책(Make in India)과도 맞물려 있다. 이제 인도 기업이 만든 무기를 최우선 구매토록 하고, 외국 무기를 구매하는 경우에도 일부는 인도에서 생산하는 것을 의무화함으로써 장기적으로는 방위산업을 키워나가겠다는 전략이다.

과거에 인도는 러시아산 위주의 무기체계를 보유하고 있었다. 그러나 2005년부터 미국과 협력을 강화하면서 미국산 첨단

무기를 도입하기 시작하였다. 러시아와는 여전히 긴밀한 관계를 유지하고 있으나, 동시에 수입선을 다변화할 목적으로 이스라엘, 프랑스, 일본, 한국과도 방산 분야 협력을 모색하고 있다. 전투기는 프랑스의 라팔기로 선정했고, 한국으로부터는 K-9 자주포 100문을 사들였다. 한국 방산업체인 한화 테크윈은 인도의 라르센 앤 터보(Larsen and Turbo)와 합작으로 탱크를 만든다. 인도 측은 한국 방산기업들의 가격 경쟁력과 기술 이전 조건을 특히 매력적으로 보고 있으며, 양국 간 무기체계 수준도 맞아서 서로 협력이 적합한 관계로 보고 있다. 아쉬운 사례도 있었는데, 우리 기술로 개발한 소해정(mine sweeper) 수출이 거의 합의되는 듯했으나 마지막 단계에서 인도 측이 까다로운 조건을 고집하는 바람에 무산된 것이다. 인도 자체적으로 제조업을 육성하겠다는 '메이크 인 인디아(Make in India) 정책' 때문이었다. 필자도 인도 국방장관을 만나 협조를 부탁했지만, 결국 성사는 되지 않았다. 우리 기업들이 인도의 정책 우선순위와 복잡한 협상 행태를 이해하고 끈질기게 대응해 나가야 한다는 교훈을 얻은 사례였다.

필자가 부임한 지 얼마 되지 않은 2015년 10월에 델리는 큰 외교행사로 축제 분위기였는데, 무려 아프리카 43개국 정상들이 참석하는 제3차 인도-아프리카 정상회의가 개최되는 것이었다.

델리 시내 거리는 꽃장식과 아프리카 국기들로 뒤덮였고, 모디 총리는 100억 달러의 신용금융과 6억 달러의 원조를 참가국들에 약속했다. 인도가 대국으로 발돋움하고 있음을 느낄 수 있었다. 아프리카에 대한 중국의 공세에 맞서는 것이라는 분석도 나왔다.

한편 모디 정부는 네팔, 스리랑카, 방글라데시, 부탄, 몰디브 등 주변의 작은 국가들에 세심한 배려의 정책을 쓰고 있는데, 이는 파키스탄과 중국을 분명히 의식한 정책으로서 '이웃나라 우선 정책'이라는 이름으로 발표되었다. 이러한 주변국들에 대한 리더십 발휘가 바로 인도의 대국 외교정책이다.

2004년 인도양 쓰나미가 태국, 인도네시아, 스리랑카에서 수십만 명의 희생자를 냈을 때 인도 역시 피해가 컸다. 그런데 인도 정부는 외국 원조를 거절한다고 발표하였다. 인도의 이재민은 인도 정부가 책임질 것이며, 오히려 스리랑카에 지원하겠다는 것이었다. 큰 자연재해를 당하면 부유한 나라도 외국의 지원을 반기는데, 인도가 큰 나라이긴 해도 빈곤 인구가 많은 상황에서 원조를 거부하는 것이 이해되지 않았다.

나중에 인도 정부 인사로부터 속내에 대한 설명을 들었다. 북유럽의 작은 나라들로부터 원조를 받게 되면 성 평등, 투명성, 환경보호 조치 등 까다로운 원조 조건을 수용해야 하는데, 이를 증명하는 복잡한 서류 준비도 만만치 않다는 것이었다. 크지 않은 규모의 원조라면 행정력만 낭비한다는 비판까지 있었다고 한다. 따라서 큰 규모로 원조하는 G7 국가들로부터만 받기로 정했다는 것이다.

필자는 한국의 개발원조 정책과 코이카(KOICA)에 관해 설명하고, 한국-인도 관계의 중요성에 비추어 한국도 G7 국가로 간주할 것을 권유하였다. 그 결과 2016년부터 한국도 인도에 원조사업을 하기 시작했으니, 앞으로 한국의 코이카 봉사단원들이 인도에서 활약할 날이 기대된다.

인도는 오랫동안 비동맹 외교를 펼친 탓에 반미전선에 서는 것으로 비추어졌고, 반면 카슈미르 영토 문제로 인도와 전쟁을 치렀던 파키스탄은 친미국가라는 인식이 있었다. 그러나 이러한 정책 방향과 인식이 변하고 있는데, 우선 미국이 냉전 종식 이후 인도의 전략적 가치를 새롭게 인지하고 인도에 접근하였다. 중국과의 경쟁에서 인도는 미국에 잠재적으로 중요한 협력 국가가 된 것이다. 부시 대통령(43대)은 물론 오바마 대통령도 인도를 방문하고 새롭게 외교 관계를 강화하는 방법을 모색했다.

그 결과 미국은 2005년 원자력 협정, 2013년 파트너십 협정,

이후 인도·태평양 전략 등을 통해 인도와의 관계를 빠르게 개선해 나갔다. 인도 또한 과거 비동맹그룹의 맹주, 사회주의식 경제, 친러시아 관계 등의 이미지에서 탈피하여 미국과의 적극적인 협력방안을 강구했다.

그렇다고 인도가 미국의 외교정책에 끌려다니는 것은 아니다. 인도는 국제사회에서 독립적이고 독자적 목소리를 내는 오랜 전통이 있다. 네루 총리는 '민주적 이상주의'에 입각하여 비동맹운동을 이끌었고, 이러한 비동맹 외교 정신은 탈냉전 시대인 오늘날에도 인도 외교정책에서 발견된다. 오바마 대통령이 2010

2018년 1월 뉴델리에서 열린 인도-아세안 정상회담

년 인도를 처음 방문했을 때, 미국 정부는 당시 미얀마의 군사정부를 고립시키는 노력에 동참할 것을 강력히 요청했으나 인도는 끝내 거절하였다. 또한 중국과 경쟁 관계이면서도 중국 주도의 상하이안보협력기구(SCO)에 가입하였다. 미국산과 러시아산 무기를 모두 도입하고 있는 데서도 어느 진영에 속하지 않고 균형을 유지하려는 모습을 볼 수 있다.

인도의 균형 외교를 보여주는 사례는 또 있다. 2018년 싱가포르에서 개최된 아시아안보회의에서 모디 총리는 '전략적 자율성'을 인도 외교의 핵심요소로 언급했다. '자유롭고, 안전하며, 포용적인' 인도-태평양을 강조함으로써 인도의 인도-태평양 전략이 어느 일방의 진영을 선택하는 것이 아니라는 점을 선언하였다. 아울러 '신동방정책(Act East)'을 주창하며 동북아와 동남아 국가들과의 양자 관계를 강화하려는 모습을 보이고 있다. 인도는 2018년 1월 인도공화국의 날 행사에 아세안 10개국 정상들을 처음으로 함께 초청하였다. 동남아시아에서 중국을 견제하며 자신의 영향력을 키우겠다는 의도였다.

8

주변국 다독이기

인도는 건국 초기에는 중국과 좋은 관계로 출발하였다. 1950년 중국이 티베트를 점령하자 인도는 티베트와의 특수 관계를 포기하는 호의를 보이기도 하였다. 인도는 1947년 독립 당시 영국이 가지고 있던 티베트에 대한 권한도 함께 승계받았던 터이다. 1954년 양국 지도자들은 티베트와 관련하여 평화조약을 체결하면서 국경문제를 해결하는 '평화공존 5원칙'을 발표하였는데, 이는 이후에 제3세계 국가들의 대외관계 가이드라인이 되었다.

그러나 1959년 달라이라마가 중국을 탈출하여 티베트 망명정부를 인도 북부의 다람살라에 세우면서 양국관계는 어려워지기 시작하였다. 급기야 중국은 1962년 인도 침공을 단행하였으며, 카슈미르 북부의 악사이친을 점령한 채 전쟁을 끝냈다.

이후 인도는 중국을 잠재적 위협국가로 인식하게 되었고, 중국은 파키스탄과의 협력과 제휴를 강화해 왔다. 필자는 2016년 아쌈주를 방문했을 때 중국어를 가르치는 한국인을 만났다. 인도 정부가 중국과의 접경 지역인 동북부 지방에 중국인의 출입을 엄격히 규제하기 때문에 중국과 관련된 일에는 한국인이 취업하기 매우 좋다는 설명이었다.

2017년 6월에는 중국과 부탄 국경지역의 도클람에서 국경분쟁이 일어났다. 중국이 국경지역에 도로를 건설하기로 하자, 부탄이 이의를 제기하고 인도에 지원을 요청하면서 인도-중국 양국이 군사적으로 대치하는 상황으로까지 발전하였다. 일부 언론은 제2차 중-인 전쟁의 가능성까지 보도하였다. 그러나 인도는 단호하게 원칙을 지키면서도 중국과 소통하는 외교적 노력을 통해 군사적 분쟁의 발발을 막을 수 있었다. 인도의 현명하고 성숙한 외교력을 보여주는 사건이었다.

인도와 중국은 거대한 인구와 내수시장을 갖춘 국가로서 종종 비교의 대상이 되곤 한다. 아울러 최근 30년간 중국이 이룬 고도 경제성장에 주목하며 이제는 인도의 차례라고 두 나라를 친디아(Chindia)라 엮어 부르기도 한다. 그러한 면에서 인도와 중국의 공통점과 차이점을 짚어보는 것은 인도의 미래를 가늠해보는 데 유용할 것이다. 두 국가 간의 가장 큰 차이점은 인도는 선거를 통해 정치 권력을 선출하는 민주주의 체제이고, 중국은 공산당 일당 체제 국가라는 점이다. 이런저런 문제도 많지만 나름의 메커니즘을 통해 능력 있는 인재를 적소에 배치하고 효율적이고 일관되게 국가 발전 정책을 집행해 온 결과, 중국의 GDP는 인도의 5

배에 이른다.

반면 인도는 세계 최대 민주주의 국가로서 비효율적인 측면은 있으나 쿠데타와 같은 정변은 나오지 않을 것이다. 또한 인도는 힌두교를 바탕으로 종교의 다양성을 인정하고 있는 다원적인 사회인 반면, 중국은 전통적으로 유교를 바탕으로 하는 통일적인 사회라는 것도 중요한 차이이다. 중국에도 소수민족이 있다고는 하지만, 인도만큼 다양한 인종과 종교적 배경을 지닌 나름의 강력한 지방자치 체제를 가진 것은 아니다. 인도인들은 중국과 다른 자신들의 특징이 단기적으로는 약점일 수 있어도, 장기적으로는 큰 강점이 될 수 있다고 주장한다. 어차피 다양한 종교와 언어를 가지고 있는 민족들이 모여 있으므로 처음부터 중국과 같은 강력한 중앙집권 국가를 만든다는 것 자체가 무리한 설정이다. 중국의 공산혁명은 과거와 빠르게 결별함으로써 짧은 시간 안에 변모하였으나, 그 과정에서 많은 희생이 있었다.

반면 인도처럼 점진적 변화를 추구해 가면 시간이 오래 걸릴 수밖에 없지만, 사회적 공감대가 형성되기 때문에 그 변화가 지속 가능하다는 장점이 있다. 결국 인도는 인도만이 가지고 있는 특징대로 고유의 성장 모델을 추구해 나갈 것이다.

체스는 가장 오래된 보드게임으로 서기 6세기 이전의 '차투랑가'라는 인도의 게임에서 시작되었다.
체스의 게임 형식은 두 사람이 각자 16개의 말을 가지고 64개의 눈이 있는 체스판에서
상대의 왕을 잡기 위해, 즉 '체크 메이트' 하기 위해 움직이는 것이다.

바둑은 중국이 만들었고 체스는 인도에서 나왔다. 체스는 완
승을 겨냥하고 바둑은 비교우위를 추구한다는 말이 있는가 하
면, 톨스토이는 체스가 수학에 기반을 둔 유희인 데 비해 바둑
은 철학에 바탕을 둔 투쟁이라고 했다. 키신저는 그의 저서《On
China》에서 바둑으로 중국 외교의 특성을 설명하기도 했는데, 아
무리 생각해 보아도 인도 외교와 체스 간의 직접적인 상관관계는
찾을 수 없었다. 체스가 인도를 떠나 페르시아와 유럽을 거치면
서 변화를 거듭한 탓인지도 모르겠다. 한 가지 흥미로운 것은 과

거 제국주의 시절에는 영국과 프랑스, 냉전시기에는 미국과 소련 출신의 고수들이 세계 체스대회를 장악했고, 이제 인도 선수들이 두각을 나타내고 있다는 사실이다. 외교의 특성은 아니어도, 한 나라의 국력과 체스 실력 사이에도 상관관계가 있는 것 같다.

19세기에 인도와 중국이 영국을 매개로 서로 연결되었던 흥미로운 사례가 있다. 19세기 중엽, 정실에 바탕을 둔 영국의 관료 충원제도를 공개경쟁시험으로 전환하는 데 결정적인 역할을 한 인물이 트리벨리언(Charles E. Trevelyan)이다. 그는 동인도회사 소속으로 인도에서 근무하던 중 청나라에 여행을 가게 되었는데,

중국 수나라 때 처음 시작된 과거제도는 청나라에 이르기까지 지속되었다.

공개경쟁 시험으로 인재를 뽑는 과거제도를 목격하고 깊은 인상을 받았다. 트리벨리언은 자격 미달의 사람들이 연줄만을 이유로 동인도회사에서 근무하는 모습을 보면서 크게 좌절하고 있었다고 한다. 그는 당시 보수당 소속 정치가였던 노스코트(Stafford Northcote)와 함께 1853년 영국 정부에 공무원을 공개경쟁 채용시험을 통해 선발할 것을 건의하는 노스코트-트리벨리언 보고서를 제출하였다. 영국 정부는 이에 큰 관심을 보였고 본격적으로 제도를 도입하기에 앞서 우선 영국령 인도에서 시범적으로 실시해 보기로 하였다. 이것이 인도 공무원 채용제도의 시작이다. 이렇게 선발된 관리들은 런던에서도 높은 평가를 받았으며, 재무부를 시작으로 영국 정부 전체에 고시제도가 도입되었다. 인도의 공무원 선발제도는 청나라의 과거(科擧)에서 온 것이다.

파키스탄과는 세 번의 전쟁을 치렀으나, 인도 외교관들은 사석에서 파키스탄이 인도의 주적이 될 수는 없다고 한다. 단지 카슈미르 지역에서 테러를 조장하는 귀찮은 존재 정도라는 것이다. 수백 명이 희생된 1993년 뭄바이테러 사건도 파키스탄에서 넘어온 테러범들에 의해 저질러졌다. 2019년 초 카슈미르에 주둔한 인도 군인들이 폭탄테러로 희생당하는 사건이 있었던 후, 인도 공군은 파키스탄 영토 깊숙이 들어가서 테러범들의 근거지를 폭격하였다. 이를 계기로 인도-파키스탄 전쟁 발발 가능성에 세계의 이목이 쏠렸지만, 양측이 자제함으로써 확전은 없었다. 그러나 카슈미르를 둘러싼 영토 문제로 여전히 불안한 평화가 계속되고 있다. 서방 언론은 양국의 정치지도자들이 이 지역에서의 대결 관계를 국내 지지세력 결집에 악용한다며 비판하고, 인도는 파키스탄 군부가 긴장을 조성하고 심지어 테러범들의 활동을 묵인하고 있다고 비난한다. 카슈미르 지역의 일부는 파키스탄과 중국이 각각 점령하고 있다. 2019년 인도 정부는 별도의 주(州)로서 특별지위를 누려왔던 이 지역을 두 개의 특별자치구로 분리하여 연방직할시로 편입시킴으로써 이 지역에 대한 통제를 강화하였다. 파키스탄은 긴장을 고조시키려는 의도라고 비난했으나, 인도의 여론은 마침내 인도 영토가 온전하게 통합되었다고 하면서 모디 총리의 결정을 지지하였다.

필자는 2016년 인도 북서부 지역에 한국 명예영사관을 개설하는 계기에 카슈미르 지역을 방문하면서 파키스탄과의 국경 도시 와가(Wagah)에도 들렀다. 파키스탄의 대도시 라호르에서 가까운 국경 체크포인트로, 이곳에서는 매일 오후 늦게 양국 국경 수비대가 국기 하강식을 동시에 진행한다. 이때 어느 쪽 경비병이 더 발을 높이 올리는지, 어느 쪽 유니폼이 더 멋진지 등을 경쟁한

인도 파키스탄 국경 수비대 국기 하강식

다. 사열식은 양쪽에서 협의해서 항상 같은 시간에 동시 진행이 된다. 이제 CNN에도 소개되는 관광 상품이 되었으며, 유튜브의 인기 영상이기도 하다. 우리의 남북관계 긴장 완화를 위한 좋은 방법으로 판문점에서도 도입해 보면 어떨까 하는 생각이 들었다. 인도 쪽에서는 의장대 중에 여성 군인이 있었고, 행사 직전에는 관람객 중 수백 명의 여성이 자연스럽게 나와 춤을 추었다. 반면 파키스탄의 여성 참관자들은 그 수도 많지 않았지만 검은 히잡을 쓰고 있어 대조적이었다. 인도의 강점은 분명 '자유'라는 생각이 들었다.

인도의 북쪽 히말라야 산기슭에는 네팔, 부탄, 시킴이라는 세 개의 왕국이 있었다. 네팔은 2001년에 왕자가 아버지인 국왕과 가족을 몰살하고 자살한 어처구니없는 일이 벌어졌고 이 사건이 계기가 되어 2008년에 공화국으로 바뀌었다. 석가모니가 탄생한 나라이지만 국민의 80%가 힌두교 신자이다. 인도와 네팔은 영국 지배 시절부터 특별한 관계였으며 독립 후에도 긴밀한 협력을 이어나갔으나, 네팔 내부에서는 인도의 영향력을 제어하기 위해 중국을 활용하려는 움직임이 항상 있었다. 이러한 가운데 일대일로 정책을 추진하며 네팔을 통과하는 회랑을 건설하려던 중국은 대규모 원조를 제공하면서 적극적으로 네팔과의 관계를 발전시켜 나갔다.

2015년 네팔에서 8,400여 명이 사망한 대지진이 발생하였을 때, 중국은 네팔에 대한 지원을 두고 인도와 경쟁하는 모습을 보였다. 네팔이 중국에 기운다는 우려가 인도 언론에서 자주 거론되면서, 최근 들어 모디 정부는 원조액을 늘리는 등 네팔을 다독이며 관계를 강화하고자 노력하고 있다.

부탄은 영국의 보호령이었는데 1949년 인도가 승계하면서 지금도 양국 간에는 특수한 관계가 유지되고 있다. 부탄은 유엔 회원국이지만 인도와의 관계를 고려하여 미국, 중국 등 안보리 5개 상임이사국과는 외교 관계를 맺지 않고 있다. 부탄 국왕은 중국과 인도 사이에서 독립을 지켜냈을 뿐 아니라 2008년 입헌군주제를 도입하며 현명하게 국가를 이끌고 있다. 관광객들도 정해진 숫자만큼만 받으면서 지속 가능한 발전 정책도 펴나가고 있다. 부탄 국민이 세계에서 제일 행복하다고 주장할 만하다는 생각이 든다.

부탄 옆에 있는 시킴도 사실상 인도의 보호국이었다. 이 히말라야의 두 왕국은 왕족 간에 혼인으로 맺어진 관계이기도 했다. 1970년대 시킴의 남기얄왕이 네팔계 국민을 차별대우하자 불만이 고조되었다. 인도는 1975년 이를 구실삼아 전격적으로 군대를 시킴에 진주시킨 뒤, 국민투표를 통해 97%의 찬성으로 인도의 한 주로 편입시켰다.

그런데 인도의 이러한 결정의 배경에는 미국 여성으로 남기 얄왕의 두 번째 왕비였던 호프 쿠크(Hope Cooke)가 있었다. 미국의 대학교 1학년 학생이던 그녀는 1959년 이란 주재 미국 대사 부인이었던 이모와 함께 인도 북동부의 휴양지이며 차(茶) 재배지로도 유명한 다즐링을 방문했다.

여기에서 부인과 사별하고 자녀들을 다즐링 기숙사 학교에 보내고 있던 39세의 남기얄왕을 만나 운명적 사랑에 빠져 1963년 결혼하게 된다. 동화 속의 이야기같이 왕비가 된 그녀는 시킴

남기얄왕과 운명적 사랑에 빠진 두 번째 왕비 호프 쿠크

을 제대로 된 독립국으로 만들어 보겠다는 소명감을 갖게 되었고, 유럽과 미국 여러 곳을 방문하여 시킴을 알리는 활동을 하였다. 그러나 유엔 가입을 통해 시킴을 완전한 독립국이 되게 만들겠다는 왕비의 발언은 인도의 레드라인을 넘는 것이었으며 결국 인도의 합병 조치를 불러일으켰다. 외국에서 온 왕비의 선의가 냉혹한 국제정치 현실의 장벽에 부딪힌 셈이었다.

필자는 2016년 K-pop 경연대회가 열리는 시킴주(州)의 수도 강톡을 방문했다. 인도 중앙정부의 집중적인 투자로 비교적 부유하고 깨끗한 관광도시였다. 많은 젊은이들은 인도의 대도시로 일자리를 찾아 나갔고, 거리는 시간이 멈춘 듯한 한가로운 모습

시킴주의 수도 강톡

이었다. 이러한 도시 분위기를 보면서 시킴이 독립을 지켜내고 부탄 왕국처럼 독립국으로 남았다면 수도 강톡은 어떤 모습이었을까 상상해 보았다.

국토의 위치와 모양 때문에 '인도양의 눈물, 또는 인도양의 진주'라고 불리었던 스리랑카는 한때 인도 왕국의 일부였다. 스리랑카의 국교인 불교는 마우리아 왕국 아쇼카왕의 아들인 마힌다가 전했다고 한다. 전체 인구의 75%인 싱할리족은 오래전에 북부 인도에서 왔으며, 그 이후에 타밀족이 남부 인도에서 건너왔다고 한다. 인도의 대서사시 〈마하바라타〉에는 왕이 납치된 왕비

인도의 대서사시 〈마하라바타〉의 왕이 납치된 왕비를 스리랑카에서 찾아오는 이야기

를 스리랑카에 가서 찾아오는 이야기가 나온다. 이처럼 인도와 스리랑카는 역사적, 지리적으로 밀접한 관계를 맺어왔다. 그러나 스리랑카에서 타밀 반군의 분리주의 내전이 1980년대에 격화되면서 인도도 개입하지 않을 수 없게 되었고, 타밀 반군에 대한 지원을 중단하려던 라지브 간디 총리는 1991년 인도의 타밀인에 의해 암살되기에 이르렀다. 다행히 스리랑카 내전이 2009년 종식되면서 인도와의 관계는 다시 밀접하게 회복되었다.

한편 전통적으로 스리랑카와 우호친선 관계를 유지해 오던 중국이 최근 일대일로(一帶一路, One belt, One road)의 거점으로 스리랑카를 집중 공략하면서 중국과 스리랑카 간 교역·투자가 대폭 증가하고 있다. 특히 중국 잠수함이 콜롬보항에 출몰하고 중국이 스리랑카의 전략적 요충지인 함반토타 항구를 인수하면서, 인도는 중국의 영향력 확대를 우려하여 스리랑카에 대해 더욱 많은 관심을 기울이고 있다. 모디 총리는 2015년 인도 총리로서는 28년 만에 스리랑카를 공식 방문하여 원자력 협력 협정을 체결하고 대규모 원조계획도 발표하였다. 스리랑카의 전략적인 중요성에 비추어 인도는 스리랑카와의 특수 관계를 어떻게든 유지해 나갈 것이다.

인도 외교정책을 부연 설명하는 차원에서 서적 두 권을 소개한다. 라스고트라(Maharaja Krishna Rasgotra) 전(前) 인도 외교차관이 2016년 출간한 자서전《Life in Diplomacy》는 델리 외교가에 상당한 논란을 야기하였다. 그는 네루 총리가 1960년대 초 케네디 대통령의 핵무장 제안을 망설임 끝에 받아들이지 않은 일이 있었다고 폭로하였다. 당시 유엔에는 대만이 안보리 상임이사국으로 있었고, 미국은 중국(중공)에 대한 대응책을 여러 가지로 고심하던 때였다. 케네디 대통령의 제안 내용은 미국이 인도를 도울 테니 핵무장을 하고 궁극적으로 유엔의 상임이사국이 되라는 것이었는데, 이상주의자인 네루는 고민 끝에 이를 거절하였다는 것이다. 라스고트라는 네루의 결정에 대해 평가를 유보한 채 '역사적 망설임(historic hesitation)'으로 표현했다. 그러나 그는 이 일화를 입증할 문서는 제시하지 않고 이야기로만 전해 들었다고 하여 진위를 가리는 논란이 이어졌는데, 미국이나 인도 정부의 논평은 나오지 않았다. 어느 인도 언론인은 칼럼에서 '아쉬운 결정이었지만 인도의 독립과 신생국의 기틀을 잡아 놓은 네루 총리의 큰 업적을 훼손시킬 정도의 사건은 아니다'라고 결론지었다.

필자는 만약 인도가 핵보유국이었다면 1962년 중국-인도 전쟁의 결말은 어떠했을지, 핵 보유의 실제 효과와 한계에 대해 생각해 보았다. 외교단 행사에서 만난 80대 후반의 라스고트라 전

차관은 필자의 질문에 대해 과거를 회상하며 이제 인도의 국력이 이렇게 성장하였으니, 당시 네루 총리가 케네디 대통령의 제안을 받아들이지 않은 데 대해 큰 아쉬움은 없다고 하였다.

두 번째 서적은 존 케네스 갤브레이스의 《대사일지(Ambass-ador's Journal)》이다. 갤브레이스는 《불확실성의 시대》《풍요한 사회》 등의 저서로 잘 알려진 미국의 경제학자이다. 갤브레이스는 1960년대 케네디 행정부의 주(駐)인도 미국 대사로 재직했는데, 당시의 경험과 소회에 대한 방대한 기록을 회고록으로 남겼다. 1950년대 말 갤브레이스는 아내와 함께 인도를 여행하면서 인도 사회의 저개발과 빈곤 문제를 직접 보고 큰 관심을 갖게 된다. 이후 케네디 대통령의 당선을 도왔던 갤브레이스는 다른 고위직 제안을 고사하고 주인도 대사로 보내 달라고 요청하였다고 한다. 갤브레이스는 대사 부임 후에 네루 총리를 수시로 만나 당시 국가재건 작업이 한창이던 인도의 경제, 사회 전반에 걸쳐 많은 조언을 했다. 또한 베트남전 등 미국의 주요 외교 현안에 대해서도 케네디 대통령에게 서한을 보냈는데, 이러한 서한들도 이 책에 수록되어 있다. 갤브레이스 대사는 특히 1962년 중국-인도 전쟁 당시 케네디 정부가 올바른 전략적 판단을 하는 데 결정적인 역할을 하기도 했다.

당시 미국 국무부는 쿠바 미사일 위기 해결에 골몰해 있었기 때문에 중·인 전쟁에 관해서는 사실상 갤브레이스 대사가 현지에서 미국의 정책을 만들고 시행하도록 전권을 위임하다시피 했다. 갤브레이스 대사는 무엇보다도 파키스탄이 중·인 전쟁을 틈타 인도를 침공하지 않도록 미국 정부가 분명한 메시지를 보내도록 했으며, 중국이 확전하지 않고 점령지에서 철수할 것을 예견해 미국 항공모함의 인도양 배치에 반대함으로써 중·인 전쟁이 미·중 간의 불필요한 대결로 확대되는 것을 막았다.

필자는 미국 대사와도 종종 이 책을 화제 삼아 대화를 나눴다. 우리는 갤브레이스가 인도에 근무하던 당시에는 일국의 대사가 광범위한 재량을 갖고 큰 역할을 했는데, 요즘은 통신기술이 발달해서 본부로부터 세세한 지시를 받을 뿐 아니라 총리를 만나 정책에 관해 충고하는 것은 언감생심이라고 푸념하면서 21세기 '초라한' 대사의 모습을 자조하곤 했다. 갤브레이스의 외교 활동 기록은 당시 인도 정치 경제를 이해하는 데에 큰 도움이 된다. 또한 그의 외교정책에 대한 깊은 통찰과 거시적 혜안, 전략적 사고는 지금도 치열한 외교현장에서 국익을 추구하는 외교관들에게 의미 있는 교훈을 준다.

9

새로운 카테고리의 핵보유국으로

북한 핵 문제는 1990년대 이래 오늘날까지 30년 동안 한국 외교와 안보의 가장 중요한 도전이 되어 왔다. 북한의 핵은 동북아는 물론 국제사회에 뜨거운 감자요, 우리의 생존을 위협하는 엄중한 사안이므로 한국인 모두 관심 갖지 않을 수 없는 이슈이다. 2차 세계 대전 막바지에 핵무기 개발에 성공한 오펜하이머 이래, 인류는 핵의 시대에 접어들었다. 그러나 먼저 공격해도 서로 핵무기를 쓰면 둘 다 죽는다는 공포의 균형으로 인해 대국 간에는 전쟁이 없는 평화의 시대가 된 역설적 효과도 나타났다.

연달아 핵보유국이 된 5개 안보리 상임이사국인 미국, 러시아, 영국, 프랑스, 중국은 더 이상의 나라들이 핵을 갖는 것을 막기 위해 1968년 핵비확산조약(NPT: Non-Proliferation Treaty) 체제를 출범시켰다. 그 요체는 1967년 이전에 핵실험을 실시한 5개 국가를 제외한 신규 국가가 핵보유국이 되는 것을 금지하며, 핵보유국은 핵무기나 기폭장치를 제3국에 양도하지 않고 그 대신 비핵보유국이 원자력을 평화적으로 이용할 수 있도록 지원한다는 것이다.

NPT에는 세계 거의 모든 국가인 190개국이 가입하였으나 핵 보유를 추진한 이스라엘, 인도, 파키스탄은 처음부터 가입하지 않았고, 북한은 회원국이었지만 비밀리에 핵을 개발하는 과정에서 탈퇴와 보류를 반복하였다. NPT의 사무국 역할을 하는 것은 오스트리아 빈에 있는 국제원자력기구(IAEA)이다. 북한은 1994년 IAEA로부터도 탈퇴하였으나, 사실상의 핵보유국인 인도, 파키스탄, 이스라엘은 모두 회원국으로 활동하고 있다. 결국 5개 안보리 상임이사국에 이어 이스라엘, 인도, 파키스탄은 소위 '사실상의 핵보유국'이 되었다.

21세기에 접어들어 북한도 6차에 걸친 핵실험을 하였다. 그러나 NPT 회원국으로서 핵 개발을 하지 않아야 할 의무가 있음에도 불구하고 스스로 한 약속을 어기고 비밀리에 핵 프로그램을 추진한 북한에 대해서는 사실상의 핵보유국은커녕, 지금까지 개발해 온 핵을 전부 폐기하여야 하며 절대 핵보유국으로 인정할 수 없다는 국제사회의 공감대가 형성되어 있다.

인도는 어떠하였는가? 원자력의 아버지라고 불리는 바바(Homi Bhabha)는 1947년 독립 직후부터 네루 총리에게 에너지 부족 해결을 위한 원자력의 중요성을 설득하여 원자력법을 만들고 원자력청을 설립하는 등 원자력 개발에 박차를 가하였다. 다만 동서냉전의 와중에서 비동맹의 지도적 위상을 추구하던 네루 총리는 원자력의 평화적 이용을 넘어서는 무기화는 추구하지 않고, 강대국들의 핵무기 개발에 대하여도 강하게 비난하고 반대하였다.

인도 원자력의 아버지라고 불리는 바바

그러나 인도 국내에서는 최소한의 억지력 확보를 위해 핵무기 개발이 필요하다는 주장이 점차 대두되었고, 특히 인접 대국 중국의 위협을 크게 느끼게 된 1960년대에는 핵무기의 필요성이 더욱 절실해졌다. 티베트의 달라이라마가 1959년 인도에 망명정부를 세우자 인도와 중국의 관계는 살얼음판이 되었고, 급기야 1962년에는 국경을 넘어 쳐들어온 중국군에게 굴욕당하는 일까지 벌어졌다. 1964년에 중국의 핵실험 성공이 세계를 놀라게 한 이후, 인도에는 핵무기 개발이 더는 미룰 수 없는 지상 과제가 되었다.

인디라 간디는 1966년에 총리가 되면서 핵무기 개발을 적극적으로 추진하였다. 인도는 1974년 핵실험에 성공함으로써 세계에서 여섯 번째 핵보유국이 되었다. 곧이어 파키스탄도 핵 개발을 시작하였다. 인도가 핵실험을 강행한 것은 당시 파키스탄이 곧 핵실험을 한다는 정보를 입수하고 선제적으로 대처하였기 때문이라는 설명이 설득력 있게 회자된 적도 있었다. 그러나 인도의 학자들이 필자에게 설명한 핵실험 강행의 진정한 이유는 중국-인도 전쟁 이후, 인도가 중국을 잠재적 적국으로 간주하던 중에 1964년 중국이 핵실험에 성공하였기 때문이라는 것이었다. 당시 중국이 핵무기를 인도와의 국경 근처에 은닉, 배치했다는 정보도 있었다고 한다. 인도의 과학자들은 핵실험 성공 이후 이 핵무기에 '미소 짓는 붓다(smiling Buddha)'라는 애칭까지 붙여 발표하면서 인도의 핵은 평화를 위한 것이라고 대외적으로 주장하기도 하였다.

한편 인도 국민은 핵무장을 반기며 국제적 제재 속에서도 핵실험에 대해 자긍심을 갖게 되었다. 이러한 인도 국민의 정서는 핵 과학자로서 인도의 핵무장에 기여한 압둘 칼람 박사에 대한 높은 인기에서도 나타난다. 칼람 박사는 무슬림임에도 불구하고 훗날 대통령이 되었다.

인도의 핵실험 성공은 5개국만의 핵 독점을 기도해 온 서방세계를 깜짝 놀라게 하였다. 그간 인도에 원자력 기술을 제공해 온 캐나다는 추가적인 원자력 협력을 중단하였고, 서방국가들은 인도에 제재를 가하는 한편 핵공급국그룹(NSG; Nuclear Suppliers Group)이라는 원자력 수출통제체제(export control regime) 결성을 추진하였다. NSG는 원자력 수출국이 물질, 장비, 기술을 수출하기 전에 수입국이 이를 핵무기 제조에 전용하지 않고 평화적 목적으로만 사용할지를 사전에 심사하여 수출을 허가하는 제도로서, 1978년에 결성되어 핵비확산조약(NPT)을 실질적으로 뒷받침하고 있다. 현재 48개 회원국이 있으며 한국도 1995년에 가입하였다.

1974년 1차 핵실험 성공 이후, 인도는 서방의 제재 속에서도 독자적인 핵무기와 운반체계 개발을 위해 20여 년간 집요하게 노력하였으며, 1998년 2차 핵실험에 성공하면서 핵보유국임을 선포하였다. 특히 1974년의 1차 실험 때와는 달리 1998년에는 5회의 핵실험을 연속실시하면서 핵 능력을 과시하였다. 세계를 더욱 놀라게 한 것은 1998년 5월 인도의 핵실험 후 한 달도 안 되어 파키스탄도 핵실험을 한 것이다. 유엔 안보리가 제재 조치를 취하려 했으나 중국과 러시아의 반대로 두 나라의 핵실험을 비난하는 결의안 채택에 그치고 말아, 미국과 유럽은 독자적인 제재를 가할 수밖에 없었다.

파키스탄 핵 개발의 대부는 우리 언론에도 자주 등장해 온 칸

(A.Q.Khan) 박사이다. 인도와 함께 독립한 후에 1965년 카슈미르 분쟁에서 인도에 패하고, 1971년 방글라데시의 분리 독립 때에도 인도와의 전쟁에서 또 패배한 파키스탄이 숙적인 인접 대국 인도에 맞서기 위한 주요 수단으로 핵무기 개발을 원하였을 것이라는 점은 누구나 예측할 수 있었을 것이다. 그런데 인도와 파키스탄의 핵 보유를 정말 막을 수 없었을까를 생각해 보면, 그 배경에 흐릿하게 깔린 냉전의 국제정치 상황이 보인다.

미국은 인도에 대해서는 중국의 견제 세력으로서, 파키스탄에 대해서는 1979년 아프간을 침공한 소련을 견제하는 데 긴요한 협조 세력이라는 점을 고려하여 이들의 핵 개발을 무슨 일이 있어도 막겠다는 의도까지는 없었던 것으로 보인다. 더군다나 이들의 미사일은 사거리 3천km 이하로 미국을 직접 위협하지는 않는 것이라는 점도 고려의 이유가 되었을 것이다. 결국 인도와 파키스탄의 핵 보유는 두 나라의 전략적 가치에 대한 판단을 기초로 한 미국의 묵인하에 가능했던 것이 아니었을까? 그렇게 보면 미국 내 막강한 유대인이 뒤에 버티고 있는 이스라엘까지 사실상의 핵보유국 3개국은 미국의 국제전략의 틈을 파고들었기 때문에 가능했다고 추정해 볼 수 있다.

북한 핵 문제에도 복잡한 국제관계가 얽혀있지만, 결국 미국의 세계안보전략이 어떤 방향으로 갈 것인지가 핵심 변수가 될 것이다. 이러한 측면에서 핵 문제는 미국과 직접 담판할 문제라는 입장을 오래 고집해온 북한은 국제정치의 핵심을 꿰뚫고 있는 것이다. 아울러 과거 냉전 시기와 달리 미국과 대등한 강국이 되어 버린 중국의 대응전략도 또 다른 중요한 변수가 될 것이다. 인도와 파키스탄이 20~30년에 걸쳐 핵 개발을 한 것처럼, 북한의 핵 개발이 우리에게 골치 아픈 안보 이슈가 된 지도 30년이 되어 간다. 스스로 9번째 핵보유국이라는 비장의 카드를 꺼내든 북한과 이를 절대 인정할 수 없다는 국제사회 간의 밀고 당기기가 계속되고 있다.

북한 핵 문제는 무엇이 해결 관건이며 최종 결론은 어떻게 될 것인가? 우리는 이 문제가 분단된 민족 간의 안보 이슈이기도 하지만, 결국에는 강대국 간의 세계안보전략이 결정적으로 작용할 수밖에 없는 사안이라는 점을 간과하지 말아야 할 것이다. 오직 전 국민이 단결하는 가운데 국가와 민족의 미래를 디자인하는 안보 전략과 전술, 치밀한 외교를 바탕으로 이 문제를 풀어나가야 할 것이다.

아무튼 인도와 파키스탄은 지난한 과정을 거쳐 사실상의 핵보유국이 되었고 NPT체제에도 속하지 않은 예외적인 국가들이 되었는데, 두 나라가 보이는 행동은 조금씩 달랐다. 인도는 온건한 핵보유국인 데 반하여 파키스탄은 비확산에 덜 철저하다는 평을 듣는다. 1998년 핵실험 이래 인도는 자국의 핵 보유는 순전히 방어적 목적으로 선제 불사용 원칙을 지킬 것이며 비확산 의무를 책임 있게 준수할 것임을 계속해서 밝혀왔다. 미국과의 관계도 좋아져 2005년에는 미국의 제재가 해제되고 미-인도 원자력 협력 협정이 체결되는가 하면, 인도의 핵공급국그룹(NSG) 가입이 미국 지원하에 추진되어 오고 있다. 미국은 인도가 책임 있는 핵보유국으로서 의무를 다하도록 NPT의 비회원국이지만 예외적으로 NSG 가입을 허용하자는 데 반해, NPT 비회원국인 인도의 NSG 가입은 비확산체제를 크게 훼손시키는 것이라는 반대의 목소리도 만만치 않다. 컨센서스 방식으로 이루어지는 가입 규정상 인도는 아직 회원국이 되지는 못하고 있으나 교섭은 계속되고 있다.

이에 반해 파키스탄은 핵 비확산 측면에서 지속적으로 국제사회의 의심과 감시를 받아오면서, 인도만큼은 신뢰를 얻지 못하고 있다. 북한에 대한 핵기술 제공과 미사일기술 도입 거래 등 파키스탄 칸(Khan) 네트워크의 확산 활동은 세계 및 한국 언론에도 끊임없이 보도되어 오고 있다. 필자는 2016년 인도의 NSG 가입

문제로 인도 외교차관과 여러 차례 만났다. 그는 인도가 평화적 핵보유국으로서 NSG에 가입해야 할 당위성을 주장하면서, 파키스탄이 핵기술을 북한에 이전하고 북한은 그 대가로 미사일기술을 파키스탄에 제공하고 있다고 주장했다.

한편 그 무렵 한국의 어느 정치인의 핵무장 필요성 주장이 언론에 보도되자, 한 인도 학자는 인도와 파키스탄의 사례를 한반도에 적용해 보면 어떠하겠냐는 의견을 내놓기도 하였다. 인도와 파키스탄이 핵보유국으로서 핵 억지력을 가짐에 따라 전쟁 가능성이 줄어들었다는 역설을 이야기하는 것이었다. 필자는 인도나 파키스탄의 경우와 달리 땅이 작은 한반도에서는 한 발의 핵폭탄도 민족 공멸을 의미하므로 핵무장이 과연 핵 억지력을 가져올 수 있는 것인지 면밀하게 따져봐야 할 것이라고 지적하였다. 무엇보다도 한국이 독자적으로 핵무기 개발을 추진한다면 현재 미국이 제공해주고 있는 핵우산을 걷어차는 결과가 된다는 점, 특히 일본의 연쇄 핵무장을 촉발할 우려가 있다는 점과 함께 무역 국가인 한국으로서는 국제적 제재를 견디기도 어려울 것이라는 점 등 여러모로 쉽지 않은 문제라고 설명하였다. 북한이 최악의 상황에서 핵 위협 내지 핵 공격을 한다면 이는 최후의 순간에나 가능한 자포자기적 행동일 것이며, 이에 대해 한국이 핵으로 반격한다는 것도 무의미할 것이기 때문에 북한 핵 문제는 결국 협상을 통해 해결해야 할 것이다. 우리에게는 인도나 파키스탄의 경우가 결코 따라가지 않아야 할 사례로 보인다.

인도는 핵보유국으로서 어떤 핵 정책을 펼칠 것이며 이는 국제사회에서 어떻게 받아들여질 것인가? 21세기에 접어들면서 중국과 인도의 급속한 성장은 세계 경제 질서를 바꿔가고 있으며, 머지않아 인도 경제가 G3로 성장한다는 전망도 나오고 있다. 이러한 상황에서 인도의 정치적 위상도 더욱 높아질 것이다. 국제무대에서 명실공히 정치·경제 대국으로 자리 잡아가는 인도는 이제 현존 질서에 도전하는 국가(underdog)가 아니게 되었으며, 이에 따라 점점 더 모범적이고 책임 있는 핵보유국을 지향해 나갈 것으로 전망된다.

chapter 3

떠오르는
경제

가난의 역사

필자가 인도에서 가장 많이 받았던 질문 중 하나는 "인도가 중국처럼 성장할 수 있을까요?"라는 것이었다. 14억 인구의 거대 시장에 풍부한 자원과 탄탄한 고급 기술 인력, 달은 물론 화성에도 탐사선을 쏘아 올린 놀라운 과학기술을 보유했지만, 세계 경제에서의 위상은 얼마 전까지만 해도 초라했고 지금의 경제성장이 지속될 것이라는 확신을 주지 못했기 때문이다. 그러다 보니 인도에 주재하는 기업인들 사이에서는 '인도는 과거와 현재는 물론 미래에도 여전히 잠재력이 높을 것'이라는 우스갯소리가 회자되곤 했었다.

그러나 인도는 2015년부터 중국보다 빠른 경제성장률을 기록하고 있다. 국가 GDP는 세계 5위, 구매력(PPP)으로 환산하면 세계 3위이다. 아직 개인 소득은 세계 140위 수준에 머물러 있지만, 인도 국민은 물론 전 세계가 인도의 잠재력이 현실로 나타날 것이라는 희망적인 관측을 하고 있다.

인도는 한때 중국과 함께 세계적인 경제 대국이었다. 1526년 무굴제국이 탄생한 이후로 약 2세기 동안 빠르게 성장하여 1700년대에 들어서는 세계 GDP의 20% 이상을 차지하였다. 하지만 동인도회사를 앞세워 서서히 인도를 침략하기 시작한 영국이 본격적으로 수탈 정책을 펼치면서 인도는 전형적인 식민지 경제 체제로 바뀌었다. 세계적인 섬유 생산국이었던 인도가 영국의 식민지가 되면서 섬유 수입국으로 전락한 것은 그 대표적인 예이다. 영국은 중국산 차 수입으로 늘어난 무역적자를 해결하기 위해 인도에서 아편을 생산해 중국에 팔았으며, 그 수입으로 만든 면직물을 인도에 덤핑하다시피 팔았다. 인도의 섬유산업 기반은 무너졌으며, 이로 인한 경제적 어려움이 심화되는 가운데 흉작까지 겹쳐 벵갈지역에서는 수백만 명이 아사하기도 하였다. 더군다나 영국은 산업혁명으로 공업국이 되면서 인도에 대해서는 그나마 있던 수공업 기반을 무너뜨리는 탈산업화(de-industrialization) 정책을 폈다.

영국 제품은 인도에 무관세로 들여오고 인도 제품이 영국에 수입될 때에는 높은 관세를 부과함으로써, 인도의 수출품목은 점차 농산물과 천연자원으로 한정되는 상황을 초래하였다.

또한 영국에 의한 양귀비 재배는 인도 농업의 발전을 저해하는 결과를 가져왔고, 원래 자급자족이 가능하던 농업 생산기반이 무너지면서 농촌은 더 피폐화되었다. 19세기 말 인도가 미국으로부터 가장 많이 수입한 품목은 영국인들이 진토닉에 넣어 마시는 얼음을 만들기 위한 알래스카산 빙하였다고 하니, 당시의 인도 경제가 처한 상황이 어떠했을지 짐작할 수 있다.

20세기 초에 인도 GDP의 10% 정도가 매년 영국으로 흘러들어가고 있었으며, 1인당 GDP는 19세기 초 영국의 33% 정도에서 1913년에는 13%로 떨어졌다. 대부분의 인도인 개개인의 삶은 20세기까지도 간신히 먹고사는 수준에 머물렀으며, 전체 인구의 75%가 농업에 종사하는 저개발 상태를 벗어나지 못하였다. 전 세계 GDP의 1/5을 차지하던 인도의 경제 규모는 독립할 당시 겨우 2% 정도로 축소되었다. 결국 자본 축적이 되어 있지 않았던 신생 독립국 인도는 2차 세계 대전 후 만들어진 브레튼우즈 체제의 범세계적 자유시장에 제대로 진입하지 못하였다.

1947년 취임한 네루 총리는 영국의 수탈적 식민통치로 극심하게 피폐해진 인도 경제를 재건하는 데 정책의 최우선 순위를 두었다. 그는 인도가 자본주의를 도입하기에는 너무 가난하며 서구의 시장경제는 가진 자들의 배만 불리는 나쁜 제도라는 인식을 가지고 있었다. 생산과 분배 체제를 국가가 통제하는 사회주의 경제가 인도에 맞는다는 것이 그의 신념이었다고 한다. 네루 총리는 정부가 전반적인 경제정책의 방향 설정뿐 아니라 개별 산업의 운용까지 주도함으로써 기업인들의 활동을 통제하는 방식으로 경제를 운영하였다. 관료들은 바늘 제조와 같은 경공업에서부터 우주선 제작과 같은 첨단 산업에까지, 그리고 디자인부터 제조와 판매에 이르는 상품 생산의 전 과정에 관여하였다. 아울러 거대한 내수시장을 기반으로 자급자족 체제를 강조하며 수입 대체 산업 정책을 펼쳤다. 따라서 인도 경제는 무역의 혜택을 거의 향유할 수 없었고, 이러한 통제경제 정책과 관료주의는 인디라 간디 총리 집권하에서 더욱 심화되었다.

그 결과는 참담하였다. 한국을 비롯한 아시아 개도국들이 눈부시게 성장하던 기간 중 인도 경제의 낮은 성장률은 소위 '힌두 성장률'이라는 조롱을 받았다. 정부는 철강, 전력, 통신 등 기간산업 분야에서 4~5개 기업에만 제한적으로 영업을 허용하였다. 모든 경제활동이 정부 허가를 통해서만 가능한 규제 왕국에서 관료들은 '허가를 내주는 왕(License Raj)'이라는 별명까지 얻게 되었다.

인도의 농촌 풍경

이러한 강력한 관료주의는 부패의 온상이 될 여지도 컸다.

국영기업과 정부의 특혜를 통해 사업을 키워온 몇몇 대기업들이 경제성장을 주도하였으나, 이 과정에서 국영기업들은 비효율적 의사결정, 설비 투자 부족, 인력 비대화 등으로 경쟁력이 점점 뒤떨어졌다. 마하라슈트라 등 5개 주가 인도 총 교역의 70%를 차지한 데서도 볼 수 있듯이 지역 간 빈부의 격차도 심하였으며, 대부분의 농촌 지역은 독립 후 오랜 시간이 지나도록 여전히 빈곤에서 벗어나지 못하였다. 평등한 사회를 위한 네루와 인디라 간디의 정책은 오히려 불평등을 가중시킨 역효과를 가져왔고, 성장과 분배 사이에서 분배를 택했던 인도는 두 마리의 토끼를 모두 놓쳐버린 것이다. 결국 네루식 사회주의는 많은 부작용을 동반하면서 70년 동안 인도를 거대한 개발도상국에 머무르게 했다.

#2

개방의 시작

1980년대 네루의 손자 라지브 간디 총리 시절에 일부 경제개혁 시도가 있었으나 절반의 성공에 그치고 말았다. 네루와 인디라 간디가 심어놓은 포퓰리즘 정책으로 인한 각종 보조금의 과도한 지출과 경쟁력을 잃은 공기업의 적자로 인해 국가재정은 갈수록 악화되었다. 여기에 더해 어설프게 경제 자유화를 시도하며 도입한 부분적 개방조치들로 인해 수입이 급증하고, 1980년대 후반 세계적인 경제성장 둔화로 수출이 감소하면서 국제수지 적자가 누적되었다. 설상가상으로 걸프 전쟁으로 인한 원유 가격 폭등으로 원유 수입국인 인도는 벼랑 끝으로 내몰리게 되었다. 결국 인도는 이러한 상황을 버티지 못하고 1991년 1월 IMF에 구제금융을 신청하게 된다.

1991년 5월 라지브 간디 총리가 암살당하고 난 후, 경제 한파의 직격탄을 맞은 인도가 찾은 해결책은 결국 개혁개방 정책이었다. 네루 가문이 아닌 아웃사이더로 1991년 총리에 취임한 나라시마 라오(Narasimha Rao)는 당시 중앙은행 총재였던 만모한 싱 (Manmohan Singh)을 재무장관으로 임명하며 과감한 경제개혁을 추진해 나갔다. 싱 장관(훗날 2004~2014년 총리 역임)은 취임하자마자 반세기 동안 깊게 뿌리박힌 비효율적이고 폐쇄적인 경제 틀을 과감하게 변혁시키겠다고 선언하였다. 이후 인도는 네루식의 규제 왕국에서 벗어나 세제 간소화 조치를 취하며 경제부문의 정부 개입을 줄여나갔고 항공, 통신과 같은 정부 독점산업에도 경쟁체제를 도입하였다. 아울러 수입제한 조치를 해제하고 평균 세율이 200%로 세계 최고 수준이던 관세를 크게 인하하는 등 무역 자유화 조치를 단행하였다.

1991년 이전에는 GDP의 0.1%에 불과하던 외국인 직접투자를 늘리기 위해 투자 가능 분야를 대폭 확대하고 적극적인 투자 유치 노력도 전개하였다. 주식과 채권 시장이 발달함에 따라, 과거 식민지 시절부터 이어져 온 가족 중심의 경영방식을 답습하던 민간 기업들도 점차 서구식 기업지배구조를 도입하기 시작하였다. 현대차와 LG, 삼성 등 인도 시장을 석권하고 있는 우리 기업들이 투자를 시작한 것도 바로 이 시기였다. 라오 총리와 싱 재무장관의 콤비 플레이로 인도 경제는 조금씩 살아나기 시작했다. 1990년부터 10년간 수출은 국내총생산(GDP) 대비 4.9%에서 8.5%로 상승하고, 경제성장률도 6%를 상회하였다.

이러한 경제 성장세를 보면서 영국 이코노미스트지는 2004년 중국과 인도를 합쳐 '친디아(Chindia)'라고 부르며 치켜세웠고 세계는 인도를 주목하기 시작했다. 당시 이코노미스트지는 중국과 인도가 21세기 세계 경제를 주도해 나갈 것이라는 내용의 특집 기사를 실었는데, 친디아는 투자자들에게는 기회로 개도국들에는 희망으로 묘사되었다. 그 이후에도 인도는 8%대의 높은 경제성장률을 기록하며 친디아의 잠재력에 주목하는 주장에 무게를 실어주었고, 2008년 글로벌 금융위기를 별 탈 없이 넘기며 이러한 믿음에 확신을 주었다.

하지만 2010년을 지나면서 인도 경제는 새로운 난관에 봉착하게 되었다. 글로벌 경제성장이 둔화하면서 수출은 줄어드는 가운데 국제 유가 급등으로 경상수지 적자가 날로 증가하게 된 것이다. 이 와중에 2010년 잇따라 터진 대형 부정부패 스캔들로 만모한 싱 정부에 대한 신뢰도는 추락했다. 인도가 한창 잘나가던 2007년 이코노미스트지는 "인도의 부정부패는 경제성장을 가로막을 것"이라고 경고했었는데, 결국 인도의 고질적인 병폐인 관료주의와 부정부패가 다시 한번 불거진 것이다. 더욱이 미국이 2013년 양적 완화 축소 계획을 발표하자 글로벌 금리가 상승하면서 외국인 탈출이 러시를 이루었고 루피화 가치가 추락하며 한때 다시 금융위기가 발생할지도 모른다는 위기감이 감돌게 되었다.

모디노믹스

이러한 상황에서 2014년 인도 국민들은 반부패와 친기업·친시장 정책을 표방하며 '성장을 위한 변화'를 주장한 모디를 총리로 선출하였다. 모디 총리의 취임으로 인도 경제는 새로운 시대에 들어서게 되었다. 집권 이후 전격적으로 단행한 고액권 화폐 사용 중단과 통합 세제(GST: Goods and Service Tax) 도입 등의 개혁 정책을 추진하고, 인도의 새로운 성장 동력이 될 핵심산업 육성전략인 메이크 인 인디아(Make in India, 제조업 육성), 스킬 인디아(Skill India, 기술훈련 장려), 디지털 인디아(Digital India, IT산업 활성화), 클린 인디아(Clean India, 보건위생 개선), 스마트 도시(Smart City, 도시 인프라 개선) 등의 대형 정책들도 빠르게 내놓았다. 국제유가 하락의 수혜도 입었지만, 모디 총리 취임 이듬해인 2015년 인도는 8.2%의 경제성장률을 기록하며 중국을 제치고 경제가 가장 빠르게 성장하는 국가가 되었다.

고액권 화폐 사용 중단과 17년간이나 의회에 계류됐던 통합 세제 도입은 모디 총리의 강한 개혁 의지를 보여준 대표적 정책이다. 모디 총리는 "부정부패와 검은돈을 뿌리 뽑겠다"라며 2016

년 11월 시중에 유통되는 화폐의 86%에 해당하는 500루피와 1,000루피(각각 약 8,500원과 17,000원 정도) 지폐의 사용을 전면 중단시키고 500루피와 2,000루피의 신권 지폐를 발행하였다. 경제활동과 사회 전반에 걸친 타격은 의외로 컸다. 당시 필자가 만난 부유층 인사들은 화폐 개혁이 실패할 것이라는 냉소적 반응을 보였다. 세금은 내지 않으며 현금을 쌓아두고 살던 부자들이 직격탄을 맞았고 신문에는 결혼식이 수백 건 취소되고 있다는 보도도 나왔다. 사용할 수 없게 된 고액권을 바꾸려고 은행 밖에 긴 줄로 선 서민들을 보면서 걱정스러운 마음이 들었다. 그러나 TV 마이크 앞에서 부자들의 희생이 더 클 것이라고 말하는 평범한 시민의 이야기를 들으면서 화폐 개혁은 결국 성공할 것이라고 예상하였다.

이듬해 7월에는 인도 역사상 최대의 세제개혁으로 평가받는 통합 세제 도입 조치가 시행되었다. 통합 세제 도입 이전에는 주마다 다른 세금체계 때문에 상품이 주 경계를 통과할 때마다 세금을 내야만 했다. 사실상 인도 내에 28개의 다른 국가들이 있었던 셈이다. 그러나 통합 세제 도입으로 이전의 복잡한 세금체계가 단일 세제로 되면서 인도 전체가 실질적인 단일 경제권으로 탈바꿈하게 되었다. 게다가 화물트럭이 주 경계를 지날 때마다 세금을 내기 위해 장시간 기다리던 불편함을 해소하며 물류비용도 획기적으로 개선되었다.

모디 정부가 들어서면서 활발해지고 있는 28개 주 간의 경쟁도 눈여겨 볼만하다. '경쟁적 연방주의(competitive federalism)'가 장려되면서 서로 외국인 직접투자를 유치하려고 좋은 조건을 제시하기도 하고 주 자체적으로 경제사절단을 외국에 파견하기도 한다. 우리 대사관은 매년 한국 경제인들과 함께 지방의 주요 도시를 방문하여 한국 경제 상황을 설명하고 무역과 투자를 촉진하는 행사를 하였는데, 여러 주에서 서로 먼저 와 달라고 초청을 해 왔으며, 어떤 주에서는 대표단을 직접 대사관으로 보내면서까지 다음에는 꼭 자기 주를 방문해 달라고 부탁하기도 하였다. 이런 지방 정부의 증대된 자율성과 각 주 간의 경쟁은 인도 경제의 효율성을 더욱 높이게 될 것이다.

모디노믹스는 개혁, 개방, 부패 척결 등 인도의 변화를 아우르는 하나의 상징이 되었다. 모디노믹스의 핵심은 강력한 리더십, IT 기반 행정부, 인프라 건설이다. 그중에서도 거대 인구와 넓은 국토를 빠른 속도로 변화시키기 위해 IT 기술을 적극적으로 활용하고 있는 것은 중요한 의미를 갖는다. 인도에는 아직도 7천만 명이 하루 2달러 미만으로 생활하는 절대 빈곤층이고, 절대 빈곤까지는 아니라도 인구의 1/3이 아직도 가난에서 벗어나지 못하고 있다. 국민회의당 집권 시절 선택한 해결책은 빈곤층 가정에 대한 현물 지원과 보조금 지급을 확대하는 것이었다.

그러나 정부 관료들이 보조금 지급 대상자의 50% 이상이 문맹이거나 제도를 제대로 이해하지 못한다는 점을 악용하여 보조금을 중간에 착취하면서 의도했던 효과는 거두지 못한 채 부정부패만 심해지는 역효과가 발생했다. 전(前) 정권의 정책 실패를 잘 인식하고 있던 모디 정부는 관료들의 부정부패를 근절하는 방안으로 저소득 국민에게 지급하는 보조금을 수혜자에게 직접 지급하는 방식으로 변경하였다. 소규모 마을에도 은행 지점을 설립하고 빈곤층 주민들이 직접 은행 계좌를 개설하게 하여 보조금을 이 계좌로 바로 송금함으로써 중간 관리의 착복 가능성을 없앤 것인데, 그 과정에서 스마트폰과 모바일뱅킹이 큰 역할을 했다. 또한 초고속 인터넷망을 설치해 모든 주민이 인터넷을 통해 정부 포털을 이용하도록 했다. IT의 확산은 단순히 경제성장을 촉진하는 데 그치지 않고, 정부 기관들의 행정을 투명하게 만들며 서민들의 의식을 바꿈으로써 사회적 변화도 가져올 것이다.

모디노믹스는 또한 철저한 성과주의를 의미한다. 모디 총리

는 국정 운영 과정에서 직접 구체적인 업무 지시를 내리고 담당
자들의 보고를 챙겼다. 2015년에 정부 각 부처의 차관들로 구성
되고 자신이 직접 주재하는 차관 그룹(Group of Secretaries)을 만들
었다. 여기에서는 차관들이 자기 부처의 사업계획을 모디 총리
에게 보고하고, 총리는 중요한 사업의 데드라인을 정하고 그 실
행을 점검하고 있다. 이러한 과정에서 모디 총리가 일관되게 하
는 말은 "기업 하기 좋은 나라를 만들어라. 이를 기준으로 철저한
성과를 따지겠다"라는 것이었다.

이 차관 그룹의 실무책임자는 아미타프 칸트 총리실 차관으
로서 델리-뭄바이간 산업회랑(industrial corridor) 건설을 기획한 관
료였다. 그는 무엇이든 요청하면 즉각 조치하고 회신을 해 주었
다. 인도에 진출한 우리 가전 기업이 베단타 그룹과 LCD 분야
의 합작 투자를 추진할 때, 필자에게 아그르발 베단타 그룹 회장
을 즉각 소개해 주기도 하였다. 칸트 차관은 한국의 경제 발전을
높이 평가하며 필자에게 많은 질문을 하곤 했는데, 이후 투자청
장을 맡아 계속 모디 정부 경제정책의 핵심 인사로 활동하고 있
다. 모디 총리는 취임 당시 세계은행이 발표하는 '기업 하기 좋은
나라' 순위 142위이던 인도를 2020년까지 50위, 2022년까지 25
위로 끌어올리겠다고 천명하였는데, 이것이 가능할 것이라고 믿

는 사람은 드물었다. 2016년까지도 인도의 순위는 130위에 머물렀으나 2017년 100위, 2018년 77위, 2019년 63위로 괄목할 만한 상승세를 이어갔다.

이러한 성공의 배경에는 기업 활동과 관련한 행정절차를 간소화하고 경영난에 허덕이는 국영기업을 매각하는 민영화 조치가 있었다. 과거 20%를 넘어섰던 국영기업과 공공분야가 GDP에서 차지하는 비중을 과감히 줄여가고 있다. 대표적인 것이 2016년 석탄 생산의 정부 독점 포기와 지속적인 적자를 기록하고 있는 국영 항공사 에어 인디아의 민영화 추진이다. 에어 인디아 민영화는 과거에도 시도한 적이 있었지만 지지부진하던 중 모디 정부가 들어서면서 지분 매각을 본격적으로 시작하고 있다. 과연 총부채가 3,300억 루피(5조3천억 원)에다 정규직 근로자만 만명이 넘는 거대 공기업을 일반 기업으로 탈바꿈시키려는 노력이 성과를 거둘 수 있을지 귀추가 주목된다.

필자는 지방 출장 때마다 인디고(IndiGo) 항공사의 비행기를 탔다. 인디고 노선에는 비즈니스석이 아예 없고 기내식도 각자사 먹어야 하지만, 출발과 도착 시각을 잘 지키고 기내는 항상 청결하다. 인디고는 2006년 설립된 개인 회사로서, 늘 적자 운영을 해오고 있는 국영 에어 인디아와는 여러 면에서 극명한 차이가 난다. 한 가지 타입의 항공기만을 운영하고, 청소 등 지상 조업 시간을 최소화하면서 운영의 효율성을 높였다. 인디고 항공은 이미 인도 내 항공교통의 40%가 넘는 시장을 석권하고 있다. 인디고의 성공이 국영기업인 에어 인디아의 체질도 바꿔놓을 수 있기를 기대한다.

모디노믹스를 강조하는 이야기를 듣다 보면 '단순히 총리가 바뀌었다는 사실만으로 거대한 나라가 체질 개선을 할 수 있을 것인가?' 하는 의문이 생긴다. 이에 대한 답은 정치에서 찾을 수 있다. 지금 인도 정부가 추진하고 있는 강력한 개혁 드라이브의

인디고 항공

배경에는 30년 만에 단일 정당이 정권을 잡았다는 사실도 한몫 하고 있는데, 연립정권에 비해 훨씬 더 강력한 개혁조치를 과감 하게 도입할 수 있는 것이다. 더욱이 2019년에는 모디 총리가 5 년 전보다 더 많은 의석수를 차지하며 재집권에 성공함에 따라 모디노믹스는 더욱 탄력을 받을 것으로 기대된다. 이번 선거는 구자라트 주총리로서 13년간 경제 분야의 실적을 쌓았을 뿐 아 니라 지난 5년간 7%대의 경제성장을 달성해온 모디 총리에 대한 재신임의 의미가 있었다. 모디 총리의 재선은 인도 국내뿐 아니 라 외국 경제인들에게도 안도감을 주었다.

#4

일어서는 제조업

모디 총리는 2014년 총선에서 승리한 직후에 "민주주의, 노동 력, 수요(demand)를 모두 제공할 수 있는 곳은 전 세계에 인도밖에 없다"라며 제조업 육성전략인 '메이크 인 인디아' 정책을 발표하 였다. 전체 산업에서 15%에 불과한 제조업 비중을 25%까지 확 대해 1조 달러의 규모로 키우겠다는 것이었다. 이는 중국처럼 저

임금 제조업 분야의 많은 일자리를 만들어 농촌 인구를 흡수하고
제조업을 경제 발전의 주축으로 만들기 위한 것이다. 독립한 후
처음으로 인도의 경제 발전 모델이 동아시아 모델, 즉 제조업과
수출 중시 전략으로 바뀌고 있다는 것을 상징적으로 보여주는 순
간이었다.

인도의 제조업 공장 근로자

그간 인도는 중국이나 다른 개도국들과 달리 서비스업이 경제성장을 주도하였다. 1990년대 후반과 2000년대 초반에 미국을 중심으로 IT 산업이 획기적인 혁신을 지속하며 커다란 호황을 누렸다. 미국의 IT 기업들은 원가 절감을 위해 인건비가 싼 외국에 외주를 주기 시작했고, 인건비가 상대적으로 저렴하고 영어에 능통하며 소프트웨어 지식이 높은 인재들이 많은 인도는 투자의 최적지로 꼽혔다. IT 부문을 중심으로 경제 발전의 붐이 불기 시작해 인포시스와 같은 소프트웨어 개발 업체들이 크게 성장하면서 남부의 벵갈루루와 북부의 구루그람은 인도의 실리콘 밸리로 떠올랐다.

인도의 서비스 중심 경제 발전 전략은 산업 인프라가 부족하고 제조업 기반이 발달하지 않았으며 숙련된 노동력의 공급이 제대로 이루어지지 못하는 당시 인도의 상황에서 찾을 수 있는 최선의 전략이었다. 그러나 IT 서비스업 중심의 경제 발전 전략도 점차 한계에 직면하게 되었다. IT 서비스업이나 콜센터와 같은 저급 서비스업만으로는 고용시장으로 연간 천만 명씩 밀물처럼 몰려드는 청년들을 감당하기 어려웠다. 서비스업이 가진 여타 산업에 대한 전후방 연관 효과도 제한적이었다. 또한 경제 발전으로 인해 대도시를 중심으로 신흥 중산층이 형성되면서 이들의 소비 욕구를 충족하기 위해서 많은 상품들이 수입되기 시작하였고, 1차 산업 생산품과 서비스업을 제외하고는 별다른 수출 상품이 없던 인도는 경제가 성장하면 할수록 국제수지가 악화되는 악순환을 경험해야 했다. "조속히 인도를 제조업의 허브로 만들겠다"라는 목표하에 공격적으로 추진하고 있는 '메이크 인 인디아(Make in India)' 정책에는 이러한 배경이 있었다.

모디 총리가 제조업 육성 정책을 결정하는 데에는 구자라트 주총리 시절 여러 차례 중국, 싱가포르, 한국 등을 방문했던 경험도 큰 영향을 끼친 것으로 알려져 있다. 실제로 모디 총리는 한국을 방문했을 때는 물론 선거 유세 등 공개석상에서도 한국을 인

모디 총리에게 한국관을 설명하는 필자, 맨 오른쪽은 칸트 총리실 차관

도의 경제 발전 모델로 삼고 싶다는 말을 여러 차례 해 왔다. 더욱이 인도 내에서 한국 제조 기업들이 큰 성공을 거두고 있다 보니 인도의 제조업 부흥에 한국이 큰 도움을 주기를 내심 기대하고 있는 것이 사실이다. 2016년 뭄바이에서 개최된 '메이크 인 인디아 위크' 행사 중 한국관을 방문한 모디 총리는 필자에게 '21세기는 아시아의 시대이며 바로 지금이 한국 기업들이 인도에 들어올 최고의 시기'라면서 한국이 인도에 대한 투자를 더 늦추지 말 것을 간곡히 당부했다.

2015년부터 모디 정부는 '메이크 인 인디아' 정책에 맞추어 각종 제도를 정비하고 있다. 앞서 설명한 통합 세제는 물론 글로벌 기준에 맞는 파산법을 도입하고 법인세를 35%에서 25%로 낮추어 뭄바이 주식시장의 주가가 10여 년 만에 폭등하기도 하였다. 화학·금속·IT 부문의 주요 원자재와 중간재 등 22개 품목의 기본 관세율을 25%에서 10%로 인하하고, 31개 부문의 기술개발 장려를 위한 기술개발위원회를 설립하였다. 철도·도로·항만·전력 등 제조업에 필요한 인프라 개발을 위해 연간 6,000억 루피(약 100억 달러) 규모의 '국가인프라투자펀드(NIIF)'를 설립하였다.

인도 전체 GDP의 37%를 차지하고 약 1억1,000만 명을 고용하고 있지만, 만성적인 자금·기술 부족에 시달리던 중소기업들을 위한 지원도 파격적으로 늘렸다. 중소기업 전문 금융기관을 만들고 2,000억 루피의 기금을 조성해 최대 300억 루피까지 신용보증을 해 주기로 했다. 이에 따라 중소기업 대출 규모는 2015~2016년 1조3,300억에서 2019~2020년 3조5,000억 루피로 3배 가까이 확대되었다. 이와 함께 대형 인프라 프로젝트를 빠르게 추진하기 위한 '플러그 앤드 플레이 방식(Plug and Play Model)'을 도입하였다. 이것은 정부가 나서서 대형 프로젝트와 관련된 각종 승인 획득과 토지 확보 문제를 해결하고 여러 규제 요인들을 제거하여 주는 것이다. 그리고 공개 경매로 프로젝트 추진 업체를 선정한다. 선정된 업체는 말 그대로 전자제품을 콘센트에 연결해 즉시 사용하듯 배정된 부지에서 바로 사업을 시작할 수 있게 된다.

인도 관공서에서 문서라도 하나 발급받아 본 경험이 있는 사람이라면, 이러한 사업 프로세스의 개혁을 보며 모디 정부가 제조업 발전에 얼마나 강력한 의지가 있는지 짐작할 수 있을 것이다. 사실 인도 정부만큼 외국인 직접투자(FDI)에 대해 큰 인센티브를 제공하고 있는 나라는 없다. 외국 기업이 인도에 투자한 뒤 그 생산품을 인도에서 판매하는 경우, 여기서 나오는 통합 세제(GST) 납부 금액의 50%와 투자원금의 100%를 인센티브 명목으로 되돌려 준다. 실제로 LG전자는 푸네공장에 매년 2천만 달러 정도를 경상경비로 투자하는데 대개 5년 안에 그 금액을 돌려받는다고 했다.

#5

스마트 도시

급격한 도시화로 인한 도시 인구 급증과 슬럼의 확대, 열악한 인프라와 악화되는 도시 환경. 그 대표적인 예로 한국의 분당 격인 뉴델리 인근 구루그람(구르가온의 새로운 명칭)의 상황을 들 수 있다. 구루그람은 인도 최대의 부동산 개발그룹인 DLF가 조성한 신도시로 인도 사람들이 가장 살고 싶어 하는 동네이다. 그러나 화려하고 정돈된 아파트 단지와 깨끗하게 포장된 내부 도로와는 달리 외부에서 구루그람으로 통하는 도로는 여전히 공사가 진행 중이며, 비포장도로에는 오염된 물웅덩이가 곳곳에 널려 있다. 오랜 기간의 도시 개발에도 불구하고 급배수, 오수 처리, 도로, 전기, 통신 등의 시설은 여전히 열악한 상태이다. 미흡한 도시 인프라는 외국 기업 투자 유치에도 방해 요인이 되고 있다. 전력과 물

공급이 제대로 이뤄지지 않고 물류 시설이 부족하여 같은 제품이라도 인도에서 생산하고 판매하면 비용이 훨씬 더 많이 든다고 한다. 우리 기업인들 역시 인도 내 기업 활동의 최대 걸림돌로 열악한 인프라를 꼽고 있다.

이러한 문제를 해결하기 위해 인도 정부는 2014년 7월 '100대 스마트 도시 정책'을 발표하였다. '도시 생활에 필요한 핵심 인프라를 기반으로 시민들에게 깨끗한 생활환경과 지속 가능한 스마트 해법(Smart Solution)을 적용해 쾌적한 삶의 질을 제공'하겠다는 것이다. 모디 정부는 2015년 6월 구체적인 가이드라인을 발표하면서 본격적으로 스마트 도시 프로젝트 추진에 시동을 걸었다. 스마트 도시가 갖추어야 할 핵심 인프라로 수도와 전기 공급, 쓰레기 처리 등을 포함한 위생 설비, 효율적인 교통 시설, 지속 가능한 환경·보건·교육·안전시설 등이 명시되었고, 도시개발부 주도로 100개 후보 도시 선정 작업을 시작하였다. 또한 스마트 도시 건설 계획을 홍보하는 행사도 자주 개최하였다.

한번은 한국과 일본, 독일 대사가 함께 축사하게 되었는데, 필자는 다른 선진국들과 달리 비교적 최근 들어 급속한 도시화를 거치며 재개발과 스마트 도시 사업을 추진한 한국의 사례야말로 인도의 벤치마킹 대상임을 강조하고 한국 기업들을 파트너로 삼을 것을 권유하였다. 실제로 한국의 토지주택공사는 마하라슈트라에서 스마트 도시 건설의 주요 프로젝트를 수주하는 성과를 달성하였다. 인도의 유력 건설사인 시킬 인프라 그룹의 니킬 간디 회장도 2001년 한국을 방문했을 때 송도 신도시에 깊은 감명을 받고, 당시 구자라트의 주총리였던 모디에게 상세한 설명을 한 적이 있다고 했다. 모디 정부의 스마트 도시 건설 사업을 계기로 한국식 도시 개발 모델이 인도의 여러 도시에 전파될 수 있기를 기대한다.

스마트 도시 건설이 고질적인 '인도 병'에 부딪혀 사업 시행에 어려움이 많을 것이라는 부정적인 시각도 물론 존재한다. 인도가 과연 대형 프로젝트 개발에 필요한 엄청난 자금을 조달하고 100개의 도시에서 동시에 사업을 추진할 수 있는 역량이 있는지 회의적으로 보는 전문가들도 있다. 또한 도시 개발을 위한 토지 확보의 어려움과 부동산 개발에 부과되는 높은 세금 등이 개발 속도를 지연시킬 것이라는 지적도 있었다. 특히 스마트 도시 개발은 9개만 신도시 건설 방식이며, 나머지 91개는 브라운필드 방식이다. 브라운필드 방식은 기존 도시 인프라를 기반으로 환경을 개선해 나가면서 도시재생사업을 겸하여 진행하는 것으로 신도시 건설 방식보다 훨씬 많은 어려움이 있는 것도 사실이다. 그러나 모디 정부는 신속하게 제반 절차들을 추진하면서 관련된 법령과 제도를 개혁해 나가고 있다. 인도 전역에서 급속히 진행되고 있는 도시화가 슬럼의 확대로 귀결되지 않기 위해서는 스마트 도시 정책이 반드시 성공해야 한다. 모디 정부가 이 정책을 강력한 의지를 갖고 추진할 수밖에 없는 이유이다.

인도는 스마트 도시 건설 사업과 병행하여 부족한 철도와 도로 인프라를 항공으로 보완하려는 노력도 기울이고 있다. 현재까지 인도의 철도 총연장은 1980년도에 비해 겨우 20% 정도 증가했는데, 같은 기간 중국은 3배나 증가했다고 한다. 도로시설은 1991년보다 2배 정도 늘어났지만, 그 기간에 차량은 8배나 증가하여 전체적으로 교통 체증이 크게 악화할 수밖에 없는 상황이 된 것이다. 모디 정부는 이러한 어려움을 극복하기 위한 일환으로 인도 전역에 100개의 공항 건설을 추진하고 있다. 공항서비스 평가에서 인천공항이 매년 전 세계에서 1위를 차지하고 있는 우리에게는 인도의 공항 확충계획이 건설 수주뿐 아니라 운영에도 참여할 수 있다는 측면에서 큰 기회가 될 수 있겠다. 출장차 벵갈루루공항에 내렸을 때 한국인 공항 부사장이 필자를 영접하여 깜짝 놀랐는데 인천공항 근무 경력으로 특별히 스카우트되었다고 하여 더욱 반가웠던 적이 있다.

인도 최대 공항. 델리 인디라 간디 국제공항 내부

인도 2대 공항. 인도 중서부 마하라슈트라주 뭄바이 차트라파티 시바지 국제공항 내부

인도 5대 공항. 인도 동북부 웨스트 벵갈주 콜카타 네타지 수바시 찬드라 보스 국제공항 내부

6

재도약하는 IT 산업

IT 강국 인도는 또 다른 퀀텀 점프를 준비하고 있다. 지난 20년간 인도 IT 서비스산업은 인도의 높은 경제성장률과 수출 호황을 주도하였고, 현재 글로벌 IT 서비스산업의 약 20%를 점유하고 있다. 인도 학생들은 IT 엔지니어를 최고의 인기 직업으로 꼽고 있으며, 종합대학인 델리대학보다 인도공과대학(IIT), 인도과학대학(IIS) 등으로의 진학을 희망한다. 많은 학생이 공대 졸업 후 미국에 IT 엔지니어로 취직하는 아메리칸 드림을 꿈꾸고 있으며, 실제로 미국 취업비자의 70%가 인도 IT 엔지니어들에게 발급되고 있다고 한다.

그러나 인도가 IT 강국이라고 불리는 것은 인적 자원 분야에 한해서이다. 인도 IT 산업 인구는 약 400만 명으로 추산되고 있는데, 우수한 인력들의 상대적으로 저렴한 인건비야말로 인도 IT 산업의 가장 큰 경쟁력으로 꼽히고 있다. 하지만 인도의 인터넷 보급률은 41%로 세계 평균치를 크게 밑돌고 있으며, 중소 도시와 농촌에서는 아직도 인터넷 사용이 매우 어려운 것이 현실이다. LTE가 보급된 대도시 내에서도 모바일 인터넷 서비스 연결이 안 되는 경우가 자주 있고, IT 강국이라는 명성에 비해 인프라는 너무나 열악하다, 로밍이 잘 되지 않는다며 답답함을 호소하는 한국 대표단들로부터 인도가 정말로 IT 강국이 맞느냐는 질문을 종종 받기도 했다.

이에 인도는 부족한 하드웨어 인프라를 꾸준히 개선해 나가는 가운데 소프트웨어 역량과 거세게 불고 있는 모바일 혁명을 퀀텀 점프의 기회로 활용하겠다는 계획을 세우고 있다. 모디 정부는 출범 첫해 '디지털 인디아(Digital India)' 정책을 발표하면서 디지털 인프라 구축과 전자정부 서비스 제공 확대, 국민의 디지털 역량 강화 등을 추진하겠다고 발표하였다. 특히 전국에 유·무선 인터넷망을 구축하여 다양한 디지털 서비스를 제공하는 것을 최우선 과제로 삼았다. 인도 시장의 높은 잠재력에 정부의 적극적인 디지털 산업 육성정책이 합쳐지자, 글로벌 IT 기업들이 앞다투어 인도 시장에 뛰어들기 시작했다. 소프트뱅크는 인도에 100억 달러 이상 투자를 발표하였으며, 구글과 페이스북은 저개발 지역에 무료로 인터넷 서비스를 제공하고 있다.

디지털 인디아 정책은 2016년 릴라이언스 지오의 출범과 화폐 개혁으로 새로운 전환기를 맞이하게 되었다. 인도 최대 민간 기업인 릴라이언스는 이동통신 자회사 '지오'를 설립하고 2016년

9월 4G와 LTE 서비스를 시작했다. 지오의 이동통신 시장 진출은 다소 늦은 감은 있었으나 무료 음성통화와 저렴한 데이터 통신비 등 공격적인 마케팅 전략으로 인도 통신 시장을 뒤흔들었다. 인도 이동통신의 역사가 지오 출현 전과 후로 나뉠 정도로 지오가 인도 통신 산업에 끼친 영향은 막대하다. 지오는 가입자당 모바일 데이터 사용량 순위가 2016년 세계 155위에서 1년 만에 세계 1위로 뛰어올랐고 서비스 개시 3년 만에 가입자 3억3천 명을 확보하면서 명실공히 인도 최대 이동통신사가 되었다.

이러한 지오의 성공 뒤에는 삼성전자와의 협업이 있었다. 삼성전자는 지오와 2012년 LTE 네트워크 장비 공급에 합의하고 착수 2년 만에 인도 최초의 LTE 전국망을 완성했다. 또한 이 두 기업은 5G 통신망 구축에도 손잡고 나서며 인도 이동통신 시장을 이끌고 있다.

한편 2016년 11월 전격적으로 단행된 화폐 개혁 조치는 인도가 디지털 경제로 전환하는 데 중요한 계기가 되기도 했다. 당시 인도는 경제활동의 90% 이상을 현금에 의존하고 있었는데, 화폐 개혁 조치 이후 전자결제 시스템과 신용카드 사용이 급증했다. 특히 인도 최대 모바일결제 시스템인 '페이티엠'이 화폐 개혁의 최대 수혜자로 떠올라 페이티엠의 하루 거래 건수가 화폐 개

혁 이후 한 달 만에 3배로 뛰어오르기도 하였다. 인도 경제의 디지털화는 2009년 시작된 아드하르(Aadhaar)라는 디지털 개인인증 플랫폼을 기반으로 더욱 빠르게 확산될 전망이다.

아드하르는 한국의 주민등록번호처럼 국민 개개인에게 12자리의 고유 식별번호를 부여하여 쉽게 신원을 파악하고 정부 서비스를 제공할 수 있도록 하는 시스템이다. 이 번호에 이름과 생년월일, 주소 등 개인정보뿐만 아니라 얼굴 사진, 열 손가락 지문과 두 눈 홍채 스캔 정보까지 연동하여 금융결제, 교육, 의료, 복지 등 생활 전반에서 활용하고 있다. 13억 개의 아드하르가 발급된 전 세계에서 가장 큰 규모의 주민등록 체계라고 한다. 이제 인도에서는 아드하르 기반의 전자 지불 수단 도입을 통해 상점에서 지문 인식만으로 결제가 가능해지고 있다.

인도 디지털 개인인증 플랫폼 아드하르

#7

우주로의 도약

아인슈타인(Albert Einstein)은 "종교가 없는 과학은 절름발이요, 과학이 없는 종교는 맹인이다"라고 했다고 한다. 그래서일까? 힌두교와 불교, 자이나교, 시크교의 발상지이며 조로아스터교, 기독교, 이슬람교 등 다양한 종교가 공존하고 있는 종교의 나라 인도는 기초 과학 분야가 유독 강하다. 고대에는 신에게 제사를 지내기 위해 날짜와 시간을 맞추면서 천문학이 발달하였고, 제단을 설계하면서 기하학과 수학이 발달했다고 전해진다. 인도의 베다수학은 구구단보다 분명히 복잡한 19단을 가르친다.

무(無)의 개념 '0'도 7세기경 인도 수학자에 의해 최초로 기록되었다. 우주가 무에서 창조되었으며, 그 크기가 무한하다고 믿는 힌두교도들이 신의 가르침을 제대로 알고자 끊임없이 무와 무한을 연구한 결과라고 한다. 천재 수학자이자 독실한 힌두교도였던 스리니바사 라마누잔(1887~1920)에 관한 영화 〈무한대를 본 남자〉에는 매일같이 힌두교 사원 바닥에서 수학 공식을 탐구하던 라마누잔의 모습이 담겨 있다. 심지어 라마누잔은 죽기 직전 발견한 '막 세타 함수(mock theta function)' 이론도 꿈에 나타난 힌두교 나마기리 여신이 자신에게 알려준 것이라고 믿었다고 한다. 90년 만에 입증된 이 이론은 블랙홀을 이해하는 데 큰 구멍을 메워 줄 중요한 발견으로 꼽히고 있는데, 아마도 신의 가르침인 우주의 무한함을 이해하고자 했던 라마누잔의 간절한 마음에서 비롯된 결과가 아닐까 한다. 이렇듯 종교를 바탕으로 한 인도인들의 심오한 정신세계는 인도를 기초 과학 강국으로 만드는 데 크게 이바지하였고 앞으로도 과학 발전을 이끌어가는 중요한 원동력이 될 것이다.

인도 과학 발전의 근저에 종교가 있다면, 실제 이행 과정에서는 '주가드(Jugaad) 정신'이 큰 역할을 한다. 인도는 다양한 첨단 혁신산업에서 두각을 나타내고 있지만, 일인당 GDP는 2천 달러에도 못 미친다. 세계에서 가난한 사람들이 가장 많이 사는 나라인 인도가 어떻게 정보통신, 항공우주, 바이오 등 대규모 자본 투입이나 첨단 기술이 필요한 산업들에서 앞서 나갈 수 있었을까? 여기에는 주가드 정신을 바탕으로 한 가성비 전략이 중요하다. '주가드'는 힌디어로 '예기치 못한 위기 속에서 즉흥적으로 창의력을 발휘하는 능력'이라는 뜻인데, 인도와 같이 열악한 환경 속에서 독창적인 방식으로 문제 해결 방안을 찾아내고 그것을 바탕으로 새로운 기회를 창출해 낸다는 것이다. 이렇게 제한된 자원으로 원하는 것을 얻기 위해 신속하고 효율적이며 저비용의 창의적인 방식을 도입한 것이 시간이 지날수록 인도의 특유한 성공방식으로 자리 잡게 되었다.

'주가드 혁신'은 낮은 비용 덕분에 '검소한 혁신'이라고도 불리는데, 인도는 특히 우주 분야에서 장비 재활용 등 비용 절감에 집중해 가성비 좋은 성과를 올렸다. 그 대표적인 예가 바로 2014년 쏘아 올린 화성 탐사선 '망갈리안호'이다. 비슷한 시기에 발사된 미국 탐사선 '메이븐(MAVEN)'에 비해 제작비용이 1/10 수준이었는데, 기존의 달 탐사선에 썼던 장비를 그대로 사용하였기 때문이라고 한다. 이를 두고 모디 총리는 "할리우드 우주과학 영화〈그래비티〉의 1억 달러 제작비보다 저렴했다"라고 공개적으로 자랑하기도 했다. 또한 2016년 4월에는 재활용 로켓을 활용한 우주왕복선 모형 시험 발사에 성공하면서 저비용 우주개발에 박차를 가하고 있다. 2016년 6월에는 미국, 캐나다, 독일 등으로부터 위탁받은 위성 19기를 탑재한 위성 발사체를 성공적으로 발사하기도 했다. 저렴한 비용과 연이은 발사 성공으로 입증된 기술력으로 인해 전 세계적으로 인도의 우주기술 서비스에 대한 수요가 높아지고 있는 것은 당연한 결과일 것이다.

50년 전 벵갈루루에 인도우주연구청(ISRO)을 설립하면서 인도가 본격적인 우주개발에 나서자, 당시 1인당 GDP가 81달러에 불과했던 인도를 두고 서방에서는 '빈국이 무슨 우주개발을 하겠냐'라며 비아냥거렸다. 인력도 예산도 턱없이 부족했지만, 위성 발사용 로켓 개발에 착수한 지 12년 만인 1980년 세계에서 7번째로 인공위성 발사능력을 보유하게 되었다. 인도는 이어서 통신용, 기상관측용 위성 개발은 물론 달과 화성 탐사, 유인우주정거장 건설 등에까지 관심을 넓혀 나갔다. 2008년 달 탐사선 찬드라얀 1호를 발사하여 NASA와 함께 달 표면 얼음 지도를 완성하였고, 2014년에는 망갈리안호를 발사해 화성 탐사에 나섰다. 특히 망갈리안호는 단 한 번의 시도 만에 화성 궤도 안착에 성공했는데, 이는 세계 최초의 우주 강국 1위 미국도 이뤄내지 못한 성과이다. 인도는 또한 2020년 달 착륙 성공을 목표로 찬드라얀 3호 개발에 박차를 가하고 있으며, 2022년까지 첫 유인 우주선을 발사하고 그 후 5~7년 내로 우주정거장을 건설하겠다는 계획이다.

다른 경제개발 수요가 높음에도 불구하고 인도가 이처럼 항공 우주 과학에 공을 들이는 이유는 크게 두 가지라고 볼 수 있다. 우선 인도는 항공 우주 산업이 국방기술 발전에 긴요하다고 판단하는 것 같다. 인도는 자국 방위산업의 한계로 군수 조달의 절반 이상을 수입에 의존하고 있어, 세계 무기 수입의 14%를 차지하는 최대 무기 수입국이기도 하다. 따라서 방위산업 육성은 인도 정부에는 매우 중요한 과제이다. 인도는 자립기반 확립, 수입 의존도 해소, 기술 현대화를 달성하기 위해 항공 우주 기술 개발에 심혈을 기울이고 있으며 그 일환으로 2019년 3월 운행 중인 저궤도 위성을 미사일로 격추하는 실험에 성공하며 세계에서 네 번째 대(對) 위성 미사일 보유국이 되었다.

인도가 항공 우주 산업에 공들이는 또 다른 이유는 기술 확보를 통한 사회경제적 발전이라 할 수 있다. 홍수 등 자연재해가 유난히 많은 데다 농업 의존도가 높은 인도는 재난 관리와 수자원 관리에 필요한 위성 활용기술을 집중 개발하고 있다. 또한 우주 기술 상업화를 통해 수출증대와 경제 발전을 꾀하고 있는데, 실제로 인도우주연구청은 2016~2018년에 다른 나라 위성 239개를 발사해 1조 원이 넘는 수입을 올리기도 하였다. 우리도 20여 년 전인 1999년 인도 발사체를 이용해 우리별 3호를 발사한 적이 있다. 워낙 비용이 저렴하다 보니 인도 발사체는 인기가 있어 인도 정부는 아예 NSIL(New Space India Ltd.)이라는 상업용 위성 발사 프로그램 전담기관을 설립해 우주 사업에 적극적으로 뛰어들고 있다.

필자는 2016년 뱅갈루루를 방문한 기회에 인도우주연구청을 찾아 현황 설명을 듣고 양국 간 우주 협력방안에 관해 협의하였다. 인도우주연구청장은 인도 로켓을 사용하면 저렴한 가격으로 상업 위성을 궤도로 올릴 수 있음을 강조하였다. 한국형 발사체 개발과 달 탐사 등을 추진하고 있는 우리나라에 인도는 성공적인 롤 모델로 꼽힌다. 한국은 2013년에야 스페이스 클럽(독자적으로 자국 내에서 발사체와 인공위성을 제작하여 발사할 수 있는 국가들)에 가입하였다. 이 분야에서만큼은 우리를 앞질러 가고 있는 인도와의 협력을 위해 우리가 먼저 손을 내밀고 다가갈 필요가 있다.

#8

제약회사 인도

인도 발령을 받은 외교관들이나 주재원들이 인도 생활을 앞두고 가장 먼저 걱정하는 것은 인도의 부족한 의료 인프라이다. 인도는 세계에서 아동 사망자 수가 가장 많으며 1인당 의료 지출비는 우리의 1/10 수준인 200루피(약 3,400원) 정도에 불과하다. 소고기야 먹고 싶어도 좀 참으면 그만이고 인터넷이야 느려도 좀 기다리면 되지만, 아이가 원인 모를 고열에 시달리면 발을 동동

구를 수밖에 없다. 장티푸스, 뎅기열, 말라리아 등 한국에서는 매우 드문 질환과 전염병이 만연한 데다 제대로 된 의료장비와 시설을 갖춘 병원이 턱없이 부족하다 보니 걱정부터 앞선다. 더욱이 대기오염, 수질오염 등 심각한 환경오염이 걱정스러워 가족을 두고 혼자 부임해 온 직원도 있었다. 실제로 한 대사관 직원은 두 살 난 아들이 폐 질환을 계속 앓자 인도 생활을 접고 다른 국가로 옮길 수밖에 없었다.

그런데 아이러니하게도 인도는 '세계의 약국' '의료관광 대국'으로 불릴 만큼 제약과 의료관광 분야가 발달했다. 인도의 연간 의약품 수출은 약 200억 달러로 전 세계 백신 수요의 50%, 미국 내 복제약 수요의 40% 그리고 개발도상국에 필요한 에이즈 치료제의 80% 이상을 공급하고 있다. 또한 의료관광을 위해 매년 인도를 찾는 환자의 수는 약 50만 명으로 태국에 이어 세계 2위이다. 그 바탕은 뛰어난 가성비와 우수한 의료 인력이다.

우선 인도는 세계 최대의 복제(generic) 의약품 생산국이다. 의약품의 공공성과 보편적 건강권 보호를 중요시하는 인도 정부가 1972년 의약품에 대한 물질특허를 폐지하면서 인도 제약회사들의 복제약 생산이 가능해졌다. 세계무역기구(WTO) 지식재산권 협정에 따라 2005년 의약품에 대한 물질 특허제도를 재도입했지만, 특허요건을 '기존 약과 비교해 상당한 임상적 효과가 입증된 경우' 등으로 제한했다. 또한 2008년에는 인도 국내뿐 아니라 전 세계 빈곤층에게 값싸게 약을 보급하기 위한 '모두를 위한 의약품(Medicine for People)' 이니셔티브를 추진하였다. 선진국에서 만들어진 의약품이 개도국 빈민에게는 감당하기 어려울 정도로 비싸니 복제 의약품을 만들어 인도는 물론 전 세계 빈민에게 저렴하게 보급하겠다는 방안이었다.

이런 노력의 결과로 인도는 전 세계 복제 의약품 수출시장의 20%를 차지하게 되었으며, 세계 3대 의약품 생산국으로 성장하게 되었다. 인도에서 혈압약을 사면 한국의 반값에 불과하다. 우리 국내에서도 인도산 복제약 수요가 늘다 보니 밀수 시도가 적발된 사례가 종종 있다. 인도산 복제약 수입이 불법인 중국에서도 수요는 꾸준히 증가하고 있는데, 2018년 중국 전역에서 큰 화제를 불러일으킨 영화 〈나는 약신이 아니다〉에서는 주인공이 한 백혈병 환자의 요청으로 복제약 밀수를 위해 인도로 떠나는 장면이 나온다.

세계 최대 복제약 수출국인 인도는 이제 '세계의 약국'을 넘어 '거대 다국적 제약회사에 맞서 싸우는 투사'로 변모해 가고 있는 듯하다. 2013년 인도 대법원이 다국적 제약회사인 노바티스가

2006년에 신청한 백혈병 치료제인 '글리벡' 특허권 요구를 기각한 것은 그 대표적인 예이다. 노바티스가 신청한 글리벡 신약 성분이 기존 약의 성분을 미세하게 바꿨을 뿐 효과 면에서는 기존 약과 별다른 차이가 없다는 판결이었다.

제약회사들은 특허 기간 연장을 위해 기존 특허의약품에 약간의 변화를 주어 2차 특허를 받는 '에버그리닝(evergreening)' 전략을 활용하는데, 인도 대법원의 판결은 제약회사들의 이런 전략을 간과하지 않겠다는 의지의 표현이었다. 노바티스의 패소로 인도 제약회사들은 글리벡 복제약을 저렴한 가격에 지속 공급할 수 있게 되었고, 전 세계 수많은 단체와 환자들은 특허 독점에 맞선 승리라며 환영했다. 물론 특허와 약값에 대한 과도한 제한은 신약 개발에 부정적인 영향을 미칠 수도 있다. 그러나 인도의 복제약 덕분에 전 세계의 수많은 가난한 환자들이 오늘도 살아갈 힘을 얻고 있다.

가격 경쟁력은 의료관광 활성화에도 큰 도움이 되고 있다. 인도는 심혈관, 장기이식 수술 등 고급 의료 분야에서도 확고한 입지를 다지고 있는데, 심장판막 치환 수술의 경우 미국에서는 17만 달러의 비용이 드는 데 비해 인도에서는 9,500달러에 불과하다. 의료진과 영어로 소통할 수 있다는 것도 장점일 뿐 아니라 아유르베다, 명상 등 전통 자연치료요법도 병행할 수 있어 의료관광 시장으로서의 매력이 매우 높다. 인도인들은 치매 환자도 매우 적고, 코로나바이러스 같은 전염병도 흔치 않다고 자랑하면서 그 이유는 전통 치료요법과 커리의 원료인 강황 덕분이라고 주장한다. 과학적인 근거가 있는지는 모르겠지만, 무더운 기후 속에서 면역력을 증진시키는 데에는 커리가 확실히 효과가 있는 것 같았다. 어떤 사람들은 전통 의학서적인 아유르베다에 시술 방법이 수록되어 있다면서 성형수술도 3천 년 전 인도에서 시작되었다고 주장하기도 한다. 그래서인지 주변 아시아와 중동국가들은 물론 미국, 유럽 등 선진국에서도 인도를 찾는 환자들이 점점 늘어나고 있다. 2015년도 기준 인도의 의료관광 규모는 약 30억 달러를 기록하였고, 매년 200%씩 성장하여 2020년에는 약 90억 달러에 이를 것으로 전망하고 있다. 인도 의료관광의 가파른 성장은 신(新)성장동력 산업으로 의료관광을 육성코자 하는 우리를 긴장하게 만들고 있다. 그러나 다행히 양국이 가진 장점이 서로 달라 이를 서로 잘 활용한다면 시너지 효과는 물론이고 우리나라에 오는 인도 환자의 수도 늘어날 것으로 기대한다.

인도의 제약과 의료관광 산업은 날개를 달고 성장하고 있지만, 여전히 대다수 국민이 제대로 된 의료서비스를 받지 못해 고

인도 취약계층의 의료 접근성은 매우 낮은 수준이다.

통받고 있는 것이 현실이다. 인도의 의사 수는 1,000명당 0.7명으로 한국의 1/3 수준에 불과하며, 그나마도 대부분 공공의료기관이 아닌 민영의료기관에서 진료하다 보니 취약계층의 의료 접근성은 매우 낮은 수준이다. 인도 지방 도시에서 진료실에 들어가지 못하고 국립병원이나 보건소 마당에 누워 있는 환자들의 사진이 간혹 언론에 보도되기도 한다.

의료 관련 기업을 위한 정책에 주력하여 국민의 의료복지 문제는 등한시한다는 비판을 받던 모디 정부는 2018년 2월 저소득층을 위한 의료복지 서비스를 강화하는 내용의 일명 '모디 케어'를 발표했다. 세계 최대 공공의료보험 프로그램인 '모디 케어'는 1억 7,800만 가구에 약값과 치료비로 연간 50만 루피까지 지원하고, 건강 보건센터 15만 개를 신설해 의료기관 접근성을 높인다는 내용을 담고 있다. 그러나 야심 찬 포부와는 달리 이를 위한 예산과 인프라가 부족하여 어느 정도까지나 실현될 수 있을지의 여부는 미지수다. 다만 인도 정부는 모디 케어의 시행 과정에서 우리나라의 건강보험 제도를 벤치마킹하려는 계획을 세우고 있어 앞으로 한국과도 상당한 협력 가능성이 있을 것으로 기대한다.

필자는 인도의 대규모 종합병원 원장으로부터 문진(問診)을 통해 환자들의 병력(病歷)을 조사하여 이를 데이터베이스로 만드는 사업 분야에서 한국과 협력하고 싶다는 제안을 받은 적이 있다. 곧바로 한국의 어느 대학병원에 연락하여 의료진 간에 협력을 추진토록 하였다. 나중에 확인해 보니 한국 대학병원으로서는 인도 측의 제안이 매력적이긴 해도 너무 값이 비싸 더 이상의 구체적인 협력은 이루어지지 않았다고 했다. 워낙 환자 수가 많은 인도 측은 자신들이 개발한 빅데이터 기반의 질병 예측 알고리즘을 상당한 비용을 받고 한국 측에 제공하겠다는 입장이었다. 데이터가 돈이 되는 세상에서 인도의 14억 인구가 그대로 힘이 된다는 것을 실감하였다.

9

깨끗한 인도 만들기

한국에서도 미세먼지가 화두이지만, 인도의 대기오염은 상상을 초월할 정도로 심각하다. 특히 델리의 공기는 '가스실(gas chamber)'이라고 일컬어질 정도로 나쁘며, 겨울철에는 미세먼지 수치가 999로 나온다(한국의 미세먼지 경보 기준치는 100). 1,000 이상의 수치는 측정되지 않으므로 사실 '측정 불가'가 더 정확한 표현이다. 2017년 12월 뉴델리에서 개최된 스리랑카와 인도의 크리켓 테스트 매치 경기는 스리랑카 선수들이 짙은 스모그 속에서 계속 구토가 난다고 호소해 시합이 중단되기도 했다.

델리뿐 아니라 다른 도시들도 문제다. 전 세계에서 대기 오염도가 가장 높은 20개 도시 중 15개가 인도에 소재한다. 2015년 대기오염으로 인한 조기 사망자 수는 인도와 중국이 함께 백만 명을 넘어섰다. 가장 오염된 국가로 지목되었던 중국은 사태의 심각성을 깨닫고 꾸준히 환경을 개선하여 대기오염 수준이 낮아지고 조기 사망자 수가 감소하는 반면, 인도는 조기 사망자 수가 오히려 증가하고 있다. 그린피스는 대기오염으로 인한 질병 치료비용과 노동 일수 축소에 따른 노동 생산성 저하, 농작물 수확

델리의 공기는 가스실이라고 할 정도로 오염도가 심각한 수준이다.

감소, 조기 사망 비용과 질병으로 인한 비효율성 등을 고려하면, 2016년 대기오염으로 인한 인도의 경제적 손실은 인도 GDP의 약 3% 정도가 될 것이라는 보고서를 내놓기도 하였다.

　인도가 이렇듯 극심한 대기오염에 시달리고 있는 데는 다양한 요인이 있지만, 무엇보다도 높은 석탄 사용률을 들 수 있다. 지금도 많은 가정에서 화덕의 주 연료로 석탄을 쓰고 있으며, 전력 대부분을 석탄을 이용한 화력발전에 의존하면서 대기오염이 급속도로 나빠진 것이다. 또한 국민소득이 높아지면서 급속도로 자동차 수가 증가한 것도 한 이유인데, 서민들이 주로 이용하는

인도 서민들이 주로 이용하는 삼륜차 릭샤는 연료비 절감을 위해
유독 성분이 함유된 유사석유 제품을 사용한다.

릭샤(삼륜차)와 택시는 연료비 절약을 위해 유독 성분이 함유된 유
사석유 제품의 사용을 늘려왔다. 특히 겨울철에 서민들이 난방
을 위해 각종 생활 쓰레기와 플라스틱, 폐타이어 등을 소각하고
가을 추수 후 파종하기 위해 벼 그루터기를 태운다든지, 11월 디
왈리 축제 때마다 수많은 폭죽을 터뜨리는 것도 대기오염에 일조
하는 것이다.

대기오염 못지않게 수질오염도 문제인데, 힌두교도들이 침
례로 죄 사함을 받는 신성한 강에 산업과 농업 폐기물이 정화처
리 과정을 거치지 않고 방류됨에 따라 수질의 오염도가 심각하

다. 게다가 유골을 화장한 재를 강에 뿌리는 힌두교의 장례 풍습도 수질 악화를 가중시키면서, 힌두교의 신성한 강 갠지스는 이제 세계에서 가장 오염된 강이 되었다.

이에 인도 정부는 다각적인 차원에서 오염 문제 해결을 위한 방안을 모색하고 있다. 인도 정부는 2015년부터는 허가받지 않고 폐기물이나 플라스틱을 소각하는 행위에 벌금을 부과하기 시작했다. 지하철 등 대중교통 노선을 확장하고 유류세와 도심 주차료 인상, 교통 혼잡 부담금 징수, 자전거 전용 도로 건설 등 다양한 방안도 추가로 추진하고 있다. 아울러 대기오염의 주범인 석탄 발전을 줄이고 태양광과 풍력 발전 의존도를 높이기 위해 에너지 정책 전반을 친환경적으로 바꿔가고 있다. 또한 2030년까지 GDP 대비 온실가스 배출량 비율을 2005년 기준으로 35%까지 감축하겠다는 목표를 발표하였다. 이에 따라 인도는 전기차, 배터리, 태양광 패널, 풍력 장치 등 재생 에너지의 큰 시장으로 떠오르고 있다. 이 분야는 한국 기업들이 경쟁력을 가지고 있어서 앞으로 인도 시장 진출의 전망이 밝다.

모디 총리는 2014년 마하트마 간디의 탄생일인 10월 2일에 '클린 인디아' 정책을 발표하였다. 그 시작은 길거리 청소였다. 카스트 사회인 인도에서 총리가 직접 빗자루를 들고 델리의 길거리를 청소하는 모습이 국민에게는 충격적으로 받아들여졌다. 두 번째로 착수한 것은 화장실 건립으로 인도 전역에 300억 달러를 들여 1억2천만 개의 화장실 설치를 추진하고 있다. 사실 모디 총리가 클린 인디아를 강조하는 배경에는 인도의 봉건적인 과거와 결별하려는 의지도 반영되어 있다.

인도 시골 사람들의 머릿속에는 '화장실은 더러운 공간이므로 집안에 들이면 집 전체가 오염된다'라는 관념이 박혀있다. 또 공중화장실을 누가 관리하느냐는 것도 문제다. 전통적으로 화장

모디 총리가 길거리를 청소하는 모습

실 오물을 버리거나 하수구를 치우는 것은 최하층 카스트만이 하는데, 이들을 집안으로 불러들여 화장실 청소를 시키는 것보다 차라리 노상 방뇨하겠다는 시골 사람들이 많다고 한다. 일단 설치는 했어도 제대로 보수되지 않아 무용지물이 된 화장실도 35%에 달한다는 통계가 있다.

클린 인디아 정책에는 인도의 상징이자 힌두교의 성지인 갠지스강을 정화하는 사업도 포함되어 있다. 모디 총리는 2015년부터 2020년까지 모두 2천억 루피를 투입하겠다고 밝혔으며, 인

농지의 60%가 천수답인 인도에서 몬순 강수량은 절대적으로 중요하다.

도 환경법원은 갠지스강에 인접한 가죽 가공업체들에 이전 명령을 내리고 쓰레기 투기 벌금도 10배나 높였다. 2016년 하이데라바드의 한국 명예 영사로 임명된 츄카팔리 회장은 화장 문화가 인도의 강을 오염시키는 것을 안타까워하면서 현대식 화장장을 수십 개 지어 지역 사회에 기증하였다.

사실 '몬순 경제'라고도 일컬어지는 인도 경제에서 기후변화의 영향은 바로 피부에 와 닿는 문제이다. 인도에서 처음 맞는 봄, 방송에서는 매일 비가 얼마만큼 어느 지역에 내렸는지를 상세히 보도하였다. 몬순은 5~9월 사이 집중적으로 비가 내리는 시기를 지칭하며, 이때의 강수량이 1년 강수량의 70% 이상을 차지한다. 아직 전체 인구의 60% 이상이 농촌에 거주하고 천수답이 전체 농지의 60%나 되는 인도에서는 작황에 결정적인 영향을 미치는 몬순 강수량이 그만큼 중요한 의미를 갖는 것이다. 게다가 수력발전 의존도가 높은 북동부 지역에서는 강수량이 낮으면 그만큼 발전량 부족으로 이어지기도 한다. 인도와 같이 환경오염을 겪고 있는 개발도상국들이 주목할 만한 성장 방안이 바로 그간 기후변화에 관한 국제적 논의과정에서 한국이 크게 기여해 온 '녹색성장' 전략이다.

필자는 녹색성장 전략을 인도에 소개하고 싶은 마음에서,

2015년부터 서울에 소재하고 있는 글로벌녹색성장기구(GGGI)와 접촉하여 전문가들의 인도 방문을 권유하고 인도 정부출연 연구소인 에너지연구소(TERI)와 함께 협력방안을 모색할 것을 주선하였다. 양 기관은 2016년 인도의 환경장관도 참석한 고위급 패널 협의를 갖고 이 분야의 공동연구를 발족하였다. 2018년에는 인도의 에너지, 농업, 하수처리 등에 관한 종합적이고 구체적이며 현실적인 정책 제안서를 내놓았다. 그 핵심은 1960~70년대 경제발전의 방식을 탈피하여 모든 정책을 환경 적합성과 인간개발지수(HDI: Human Development Index)의 향상에 맞는 방향으로 수립하고 추진하자는 것이다. 특히 절대 빈곤층이 아직도 많이 남아있는 인도에 빈곤퇴치와 녹색성장을 함께 추진하는 포용적 녹색성장을 새로운 패러다임으로 제시한 것이 주목할 만한 점이다. 당장은 예산이 더 소요되더라도 디젤버스보다 전기버스를 도입한다든지, 공항을 건설할 때 반드시 철도와 같이 친환경적인 대중교통수단을 함께 만들어 도심에서 공항까지 이동할 수 있도록 한다든지, 궁극적으로 탄소와 쓰레기 배출량을 줄여나가는 것(zero carbon, zero waste)을 지향하며 양적인 성장보다 질적인 성장을 추구하라는 제안이다.

인도 도시 곳곳에서 친환경정책을 홍보하고 있다.

10

제약을 넘어 도약으로

인도 경제성장에는 환경 분야의 어려움 못지않게 과거의 잔재로 남아있는 구조적 문제점들도 여전히 큰 장애 요소이다. 3억 명에 이르는 빈곤층, 수억 명의 문맹, 열악한 교육 인프라, 많은 젊은 인구층에 비례하는 청년실업, 제조업은 제대로 발전하지 못한 가운데 아직도 높은 농업 비중과 서비스업 위주로 성장한 기형적 산업구조, 환경오염과 같은 난제들이 인도의 도약에 걸림돌이 되고 있다.

특히 농촌의 문제는 인도 정부의 커다란 과제이다. 아직도 농업이 경제 구조에서 높은 비중을 차지하고 있어 강우량에 따라 경제성장률에 1% 가까이 차이가 생기는 현상을 보이기도 한다. 전체 인구의 2/3에 이르는 농촌 인구가 인도 총생산의 15%밖에 기여하지 못하는 것이 현실이다. 농촌의 가구당 소득은 도시 가구의 1/3밖에 되지 않으며, 3억 명이 넘는 빈곤층의 대부분이 농촌에 거주한다. 연간 30만 명이 넘는 농민들이 생활고로 자살한다는 통계도 있다. 국가 경제의 전체적인 소득은 높아지지만, 이에 따른 양극화 문제는 더욱 심각해지고 있다.

인도 인구는 2025년경이면 중국을 제치고 세계 1위가 될 것으로 예상되는데, 50% 이상이 25세 이하이며 35세 미만은 전체의 70% 가까이에 이르는 매우 젊은 나라이다. 그러나 인구 구성을 자세히 들여다보면 많은 문제점이 보인다. 먼저 교육을 받지 못한 인구가 여전히 많다. 교육받을 여건도 주어지지 않는 빈곤층 인구의 증가는 경제성장의 원동력이 아니라 사회 갈등 심화의 요인이다. 이들에 대한 교육 접근성을 높임으로써 기업 활동과 경제성장에 필요한 역량을 갖춘 인재를 육성하는 것은 인도가 직면한 절대적인 과제이다. 제조업의 부흥은 청년 일자리를 만들며 특히 농촌의 젊은 인구를 도시로 흡수하는 효과도 가져온다. 그러나 최근에 AI와 같은 최첨단 기술이 제조업에 도입되면서 제조업도 과거에 비해 적은 인력만 필요하게 되었으며, 이것은 제조업의 후발 주자인 인도를 더 어렵게 만드는 것이다. 필자는 페인트를 칠하는 로봇을 만드는 인도 회사 경영인을 만난 적이 있는데, 페인팅과 같은 단순 작업을 할 인력이 풍부한 인도에서 그런 로봇이 잘 팔리는지 의문을 제기하자, 이 기업인은 로봇이 인간보다 더 균일하게 페인팅을 할 수 있어서 인도에서도 페인팅 로봇이 잘 팔린다고 설명하였다.

이런 상황은 인도가 지난 30여 년간 중국이 취한 '제조업 굴기' 정책을 답습만 할 수 없게 하는 이유이며, 메이크 인 인디아 정책의 제약 요소가 되는 것이다. 거기에 공공재의 과소공급과 열악한 산업 인프라는 인도 경제성장에 큰 걸림돌이며, 부유층들의 세금 포탈과 상속세, 증여세가 없는 조세제도로 인한 만성적인 재정수입 부족도 해결해야 할 난제이다. 이렇게 정부의 재정적자가 큰 상황에서 공공재의 과소공급은 당연한 결과인지도 모른다. 또한 산업 발전에 필수적인 도로와 철도시설 등 수송 인프라의 건설에도 시간이 많이 필요할 듯하다.

집권 BJP당의 힌두 내셔널리즘이 국민 통합보다는 분열을 일으킬 가능성에 대한 우려도 크다. 이러한 정치적 리스크가 경제에 큰 부담이 될 것이라는 예측도 있다. 그러나 인도의 오랜 민주주의 전통을 고려하면, 서방 언론이 비판하는 정도까지 인도 정치가 분열로 치닫게 되지는 않을 것으로 조심스럽게 예측해 본다.

OECD는 2019년도 보고서에서 인도 경제 상황과 모디 정부의 개혁 조치들, 특히 통합 세제 도입, 인프라 투자 확대, 디지털 경제 확산을 통한 부패 감소 노력 등 정부의 투명성 강화와 친기업적인 환경 조성 노력을 긍정적으로 평가하고, 지속적인 성장을 위해 민간투자 촉진과 인프라 개선을 계속해 나갈 필요성을 강조하였다. 또한 노동시장 개혁을 통한 고용 확대와 세원 발굴을 통한 사회 복지망 확충을 바탕으로 사회 불평등 문제를 개선해 나갈 것을 권고하였다. 인도 경제가 이러한 지속적인 개혁 노력을 통해 앞서 열거한 제약 요소들을 극복하고 더 높은 곳으로 도약할 수 있을지의 여부는 좀 더 지켜보아야 할 것이다. G20 국가 중에서 가장 높은 경제성장률과 앞서 소개한 모디노믹스와 메이크 인 인디아 등의 대형 정책(mega-policy)의 성과는 인도 경제의 도약을 예감케 한다.

해외에 퍼져 있는 인재들도 인도 경제의 희망을 보게 하는 요소들이다. 마이크로 소프트와 NASA 직원의 1/3가량이 인도 출

해외에서 활동하는 인도 여성 기업인들

신이며, 구글, 마스터카드, 펩시 등 세계적 기업의 CEO들도 인도 출신이다. 인도 정부는 2천만 명에 이르는 해외 거주 인도인들을 최대한 활용하고자 이들이 인도에서 비즈니스나 투자를 쉽게 할 수 있도록 새로운 제도를 만들었다. 사실 해외 거주 인도인들이 본국으로 보내는 송금액은 연간 700억 달러로 인도 GDP의 3.5%에 달하여, 인도의 무역수지 적자를 보완해 줄 정도로 인도 경제에 상당한 기여를 하고 있다.

2017년 한 인도 방송에서 아침마다 릭샤를 몰고 일하러 나가는 아버지와 비좁은 창고에서 드론 실험을 하는 딸에 관한 이야기를 소개한 적이 있다. 어려운 여건 속에서도 인도의 밝은 미래를 상징적으로 보여주는 모습이었다.

chapter 4

발전하는
한-인도 관계

신화와 현실 · 성공하는 한국 기업들
· 더 나은 미래를 위하여

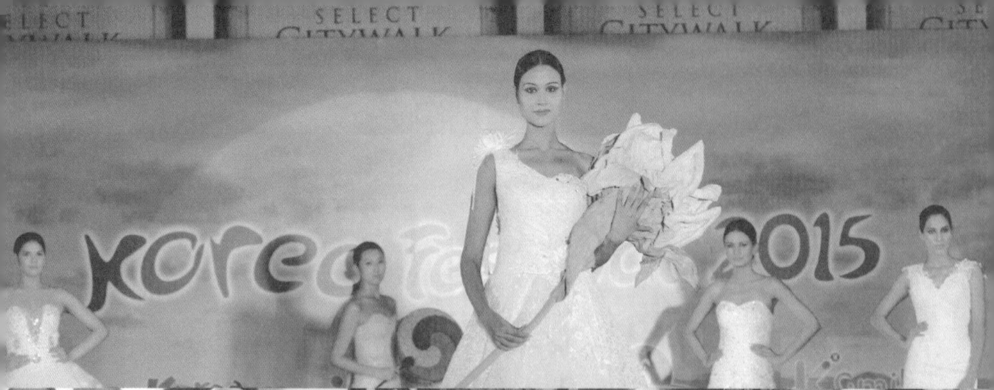
SELECT CITYWALK
2015
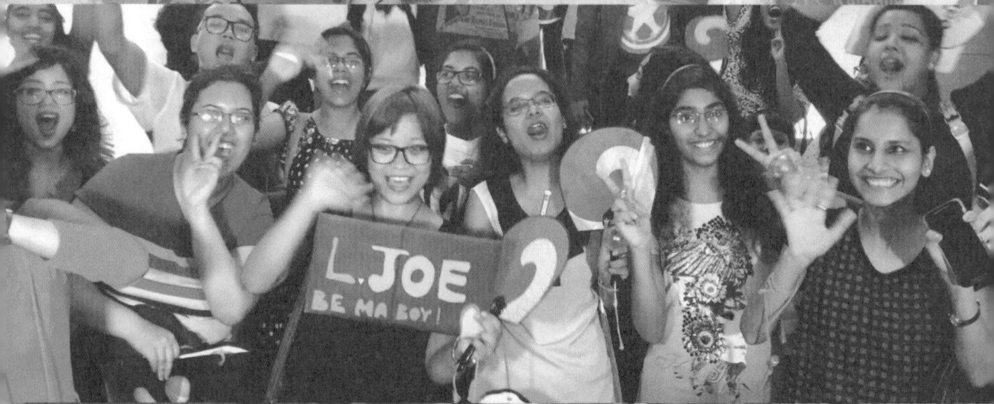
L.JOE
BE MA BOY!
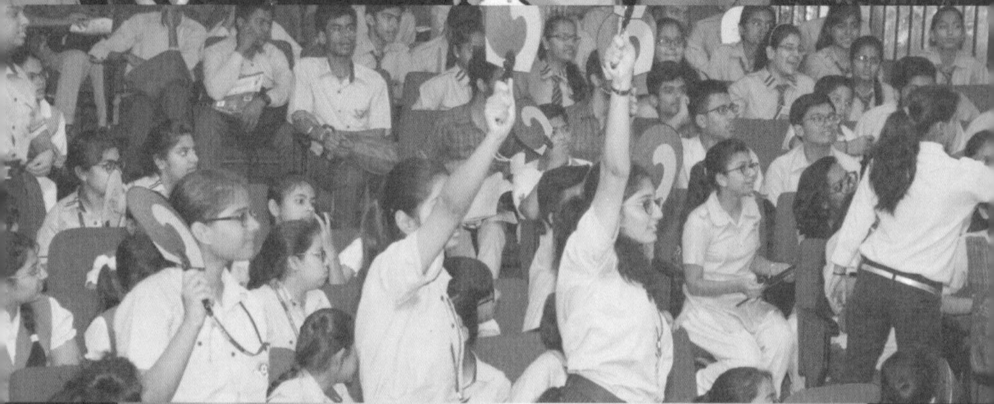
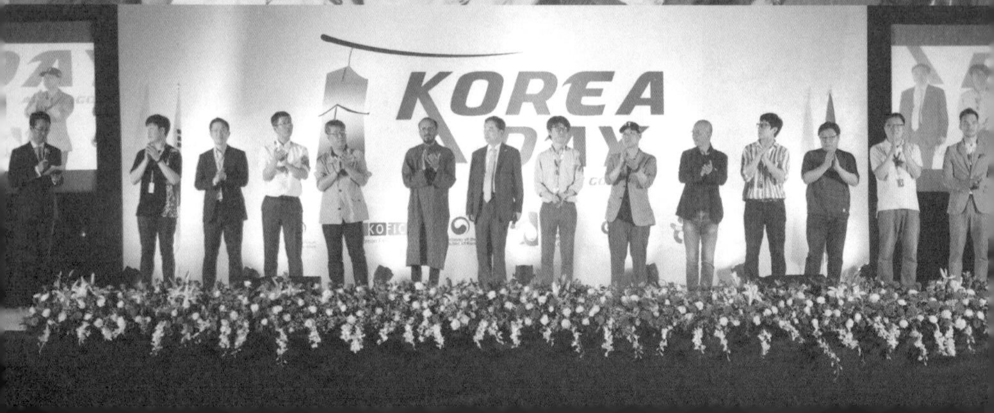
KOREA
KOFIC

신화와 현실

한국과 인도는 어떤 관계인가? 개인 간의 관계로 비유해보면 서로에게 관심은 있고 만나면 무언가 좋은 일이 있을 것 같지만, 너무 바빠서 아직은 눈길만 주고받는 사이라고나 할까? 필자가 부임한 직후인 2015년 10월 한·인도 항공협정 개정 협상이 타결되어 양국 간 항공편을 주 6회에서 19회로 증편하기로 합의하였다. 13년 만의 개정이었고 대사 업무를 막 시작하는 시점에서 이루어진 성과라서 여러 사람으로부터 상서로운 출발이라고 축하를 받았다. 그런데 양국 간에 실제로 운항하는 횟수는 아직도 주 14회에 불과하다. 큰 잠재력에도 불구하고 아직 본격적으로 가동되지 못하고 있는 양국관계를 상징하는 것 같다. 인도가 2024년까지 미국, 중국에 이어 세계 3위의 항공시장으로 부상하고 있고 많은 나라가 항공편을 증편하는 상황이라서 더욱 안타까운 마음이다. 한국과 인도 간의 교역과 투자액도 최근 들어 늘어나고는 있지만, 양국의 경제 규모 그리고 양국 사이에 합의된 '특별전략적 동반자 관계(Special Strategic Partnership)'에 비추어 아직은 아쉬움이 큰 것이 사실이다.

한국인들에게는 아직도 인도는 잠재력은 크지만 무언가 막연하고 먼 곳이자 미지의 땅이라는 선입견이 강하게 남아있다. 기업인들도 거대한 인도 시장에 관심을 가졌다가도 막상 인도의 무더위와 배탈, 이질적인 문화로 고생했다는 이야기를 들으면 이내 의지가 꺾이는 경우가 많다. 인도는 다양하고 복잡한 나라로

10km마다 새로운 풍경이 나타난다는 말이 있을 정도이다. 지방에 따라 언어와 기후와 풍토가 전혀 다를 뿐 아니라 과거와 현재, 미래가 공존하는 인도에서는 쉬운 일이 없어 보인다. 그러나 인도인들은 마음속 깊이 자국 문화에 대한 높은 자긍심을 갖고 있다. 그들은 유구한 역사 속에서 깊은 철학과 사색으로 성장한 사람들이다. 따라서 인도와의 협력관계는 우선 인도의 문화와 역사를 이해하고 존중하는 데서 시작해야 한다. 눈에 보이는 빈곤과 무질서, 낙후된 시설로 평가할 게 아니라 겉으로 드러나지 않은 인도를 들여다볼 필요가 있다.

인도인과 상담이나 거래를 해 본 기업인 중에는 실패의 경험

인도의 풍경

을 이야기하며 나쁜 선입관을 확산시키기도 한다. 그러나 바로 그런 이유에서 비즈니스 파트너는 신중한 검토를 거쳐 잘 선택해야 하며, 일단 신뢰를 쌓으면 좋은 결과를 기대할 수 있다고 인도인과 합작사업하는 한국 기업인 여러 명에게서 들은 적이 있다. 비즈니스 세계는 아니라도 필자는 그간 근무한 여러 나라 중에서 인도에서 가장 따뜻하고 훈훈한 정(情)을 느꼈다.

모디 총리가 중점적으로 추진하고 있는 각종 대형 정책 즉 메이크 인 인디아, 스킬 인디아, 디지털 인디아, 클린 인디아, 스마트 도시 등은 모두 한국에 강점이 있거나 성공 경험이 있는 분야이다. 정보통신기술, 원자력, 방위산업 등의 분야에서는 한국과 인도가 윈-윈 협력할 수 있는 서로 다른 강점이 있어, 어느 한쪽만의 이익이 아니라 서로의 성장을 견인하는 상생의 파트너가 될 수 있다. 우리의 신남방정책 중심에는 인도가 있고, 인도는 신동방정책(Act East Policy)을 추진하며 한국을 비롯한 아시아와의 관계 강화에 주력하고 있다. 우리 기업들도 이제 인도를 거대한 시장으로만 바라보지 않고 어떻게 인도와 함께 성장할 수 있을지 고민하고 있다. 또한 모디 총리의 취임 이후로 국제사회에서 적극적으로 존재감을 높이고 있는 인도는 평화로운 한반도와 자유롭고 번영하는 인도 태평양을 만들기 위한 중요한 협력 파트너이기도 하다.

　노벨 문학상 수상자이며 인도 국가를 작사한 타고르는 한국에 관해 '…그 등불 다시 켜지는 날에 너는 동방의 밝은 빛이 될지니'라는 시를 써서 식민지 치하의 우리 국민을 위로했다. 필자는 2017년 서울의 인도 국경일 행사 축사에서 이 시를 인용하고, 이어 마찬가지로 세계는 인도가 전 세계에서 민주와 번영의 빛을 밝힐 날을 기다린다는 축하 연설을 하였다. 민주주의 가치를 중시하는 인도는 한국의 역동적인 민주주의를 높이 평가하며, 짧은 기간에 세계적인 기업을 육성한 우리의 경제 발전에 경탄해 마지 않는다.

　또한 인도 국민은 한류로 상징되는 문화 콘텐츠와 정보통신 기술을 떠올리며 한국을 매우 매력적인 나라로 생각하고 있다. 더불어 한국어에 대한 인기도 높아지고 있다. 네루대학교와 델리대학교에 이어 2017년 국립이슬람대학교까지 델리 소재 3대 명문대학에 모두 한국학과 한국어 과정이 개설되었으며, 재학생이 300만 명에 달하는 국립개방대학(한국방송통신대학에 해당)도 2016년 온라인 한국학/한국어 강좌를 열었다. 한국어 공부는 단순한 호기심을 넘어 한국 기업에의 취직으로도 연결된다.

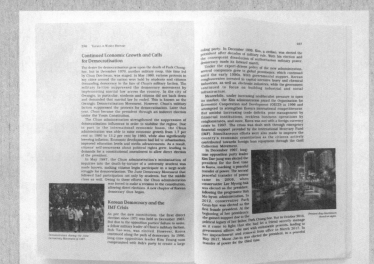

인도 교과서에 실린 한국 관련 내용

전인도 한국어 말하기 대회(2019년)

필자는 국립개방대학 온라인 강좌의 첫 번째 강의를 녹화하였고, 국립이슬람대학을 방문하여 한국과 인도 관계에 대해 강연했는데 학생들의 열정적인 반응에 한국 대사로서 더욱 큰 책임감을 느꼈던 기억이 있다.

한편 인도 교과서에 실린 한국 관련 내용을 충실하게 고치는 것은 필자가 가장 공들인 일이었다. 인도의 국정교과서에는 일제 식민지 시대와 한국전쟁에 관한 내용만이 간략하게 기술되어 있었기 때문이다. 국정교과서를 만들고 개정하는 기관인 교육연구훈련원(NCERT)의 세나파티 원장과 교수들을 만나 한국을 설명하고 이들이 한국을 직접 방문하도록 주선하였는데, 때마침 5년 만에 있는 교과서 개정작업이 진행 중이었다.

그런데 2016년 최순실 스캔들이 인도 언론에도 보도되면서 행여나 교과서 내용에 부정적인 영향이 들어가지 않을까 염려스러웠다. 하지만 평화롭고 질서정연하게 진행되는 촛불시위를 보면서 필자는 이것이 한국 국민의 저력과 수준을 여실히 보여주는 것이며, 한국 사회가 법치주의에 근거하여 현 상황을 성숙하게 해결할 것이라고 오히려 더 적극적으로 설명하였다. 2018년 세나파티 원장은 개정 교과서를 들고 서울을 방문하여 당시 외교부 차관이던 필자와 만났다. 모두 세 종류의 교과서에서 한국에 관한 내용을 새로이 담고 있었는데, 한국의 경제 발전은 물론 촛불시위도 포함하여 민주주의 발전까지 함께 긍정적으로 기술하고 있었다. 원래 유럽과 중국, 일본의 사례만 소개되었던 인쇄문화 부분에 우리의 팔만대장경과 직지심경에 관한 내용도 추가되었고, 삼성과 LG, 현대 등 한국 기업들이 인도에 성공적으로 진출하고 있다는 내용도 들어갔다. 선택과목으로 쓰이는 고등학교 교과서는 10만 권 정도, 필수과목인 중학교 교과서는 1억 권 정도가 출판되었으며 3만여 학교에서 교재로 쓰인다고 했다. 대사직 재임 중 가장 보람 있었던 일 중의 하나였다.

한국과 인도의 오랜 교류의 역사를 상징하는 설화가 바로 허왕후 이야기이다. 삼국유사 가락국기를 보면 아유타국의 공주 허황옥이 김수로왕과 결혼해 왕후가 되었다는 이야기가 나온다. 김해 김씨 종친회는 매년 수십 명이 인도 아요디야 지방을 방문하여 허왕후에게 제사를 지낸다. 사실 아유타국이 인도의 아요디야라고 단정할만한 확실한 역사적 기록이 있는 것은 아니다. 하지만 굳이 이 아름다운 설화의 진위를 따지고 들 필요가 있을까? 대개의 신화나 설화가 그렇듯이 이 이야기도 단순히 허왕후 개인만의 일회성 에피소드가 아닌 한국과 인도 간의 더욱 광범위한 교류의 흔적은 아니었을지 상상해 본다.

인도 정부는 2015년 허왕후 기념공원 조성을 계획하면서 부지와 시공비는 자신들이 부담하겠으니 공원 디자인은 한국에서 맡아 줄 것을 우리 대사관에 요청해 와 흔쾌히 동의하였다. 마침내 2018년 11월 착공식이 개최되었고 한국을 대표하여 영부인 김정숙 여사가 참석하였다. 모디 총리는 우리 영부인을 디왈리 축제의 주빈으로 환대하였으며, 한국식 정자가 있는 3,500평 규모의 허왕후 기념공원 착공식은 6개 TV를 통해 인도 전역으로 생중계되었다.

인도 허왕후 기념공원 설계 당선작

#2
성공하는 한국 기업들

많은 한국 기업들이 인도에 진출하고 있다. 경쟁우위가 있는 사업 부문에서 독자적으로 인도 시장에 나서기도 하고 인수합병을 통한 진출도 늘고 있다. 대부분 인도 시장에서 경험을 쌓기 위해 일단 소규모로 들어간 다음, 현지 지식을 축적하고 시장을 넓혀가는 전략을 쓴다. 포스코가 10여 년 전 철광석이 풍부한 오디샤주에 대규모 제철소를 지으려고 양해각서(MOU)까지 체결했다가 포기한 사례는 한국과 인도 정부 내에서도 널리 알려져 있다. 인도 정부 인사로부터 포스코 문제로 미안하다는 이야기를 여러 번 들었다. 오디샤 주정부는 토지 수용문제 등과 같이 주민과의 갈등을 처리하는 과정에서 거대한 프로젝트를 추진할 역량이 부족함을 여실히 드러냈다.

그러나 이것이 전부는 아니다. 토지 배정과 전력 공급 등 많은 지원을 제공해 준 마하슈트라주에서 포스코는 자동차 강판을 생산하는 공장을 성공적으로 운영하여 인도 고급자동차 강판 시장의 리더로 부상하였다. 필자는 2016년 마하슈트라주 푸네에 있는 포스코 가공센터(IPPC)를 방문하였는데 깨끗한 공장 내부의 모습이 인상적이었다. 당시 미국이나 유럽에의 철강 수출이 부진한 상황에서 인도 공장은 포스코의 효자 사업이었다. 오디샤주의 실패를 교훈 삼아 언젠가는 다시 인도에 대한 포스코의 대규모 투자가 성공적으로 이루어지기를 기대한다.

2010년대 중반까지만 해도 인도 스마트폰 시장에서 굳건히 1위를 지켰던 삼성전자는 이제 저가 제품으로 무장한 샤오미에 밀려 2위로 떨어졌지만, 현지 1위 통신사인 릴라이언스 지오와의 합작을 통해 다시 왕좌 탈환을 노리고 있다.

LG전자는 인도의 백색 가전 시장에서 부동의 1위이다. 에어컨의 경우 설치기사의 수가 판매 속도를 따라가지 못할 정도라고 한다. 2017년 독일을 제치고 세계 4위가 된 인도의 자동차 시장에서 현대차는 점유율 2위를 기록하고 있다. 현대차와 기아차의 인도 현지 공장 연간 생산 능력은 100만 대에 달한다.

두산중공업은 2016년 3조 원에 이르는 두 개의 화력발전소 건설을 수주하였다. 이외에 SK텔레콤, CJ대한통운, 롯데제과, 효성 등도 인도 시장에서 상당한 성과를 거두고 있다. 이렇게 대기업이 성공적인 비즈니스를 하면 많은 중소기업도 협력업체로 인도에 진출하게 된다. 2016년 당시 한국에서 진출하여 첸나이와 델리 인근에서 부품을 생산하던 우리 대기업의 협력업체가

500여 개나 되었고, 최근에는 신재생에너지와 같은 새로운 분야에서 나름의 기술과 노하우를 갖고 독자적으로 진출하는 중소기업도 늘어나고 있다. 필자가 2016년 콜카타를 방문한 기회에 찾아간 한국 기업 KC Cottrell은 공장의 매연을 처리하는 기술을 가진 중견기업으로서 인도의 심각한 환경 오염에 대한 위기의식을 배경으로 빠르게 성장하고 있었다.

반짝이는 아이디어를 가진 한국의 스타트업 기업들도 인도의 거대한 시장에 뛰어들기 시작했다. 이에 우리 대사관은 몇 년 전부터 변호사를 채용하여 인도에서 비즈니스를 시작하는 한국 중

푸네 포스코 가공센터

소기업들에 등록과 허가 등 초기 행정 서비스를 지원하고 있으며, 또한 코트라(KOTRA)는 중소규모로 시작하는 기업들이 처음 얼마간 사무실을 공유할 수 있는 인큐베이팅 센터를 만들어서 우리 기업들의 인도 진출을 돕고 있다.

건설업이나 식품 가공업도 유망한 분야이다. 모디 총리는 2015년 한국을 방문했을 때 깨끗이 리모델링을 마치고 백화점과 음식점들까지 한곳에 모아 새롭게 단장한 서울역사(驛舍)를 보고 감명받아 델리역사의 리모델링도 추진하면서 현재 우리 건설기업의 참여를 논의 중이다. 2016년 뭄바이에서 개최된 인도 해양 박람회에서 인도 해양부 장관은 필자에게 인도 근해에서 양식된 새우를 베트남에서 가공하여 한국으로 수출하고 있다면서, 한국 식품기업이 인도에 직접 투자하여 수출할 수 있도록 해달라고 요청하였다. 까다로운 투자 규제 문제 등으로 아직 성사되지는 않았지만, 충분히 협력이 가능한 분야 중 하나이다.

지자체 간의 교류도 더 넓혀가면 우리 지방 기업들에도 큰 기회가 될 것이다. 인도의 주(州)는 인구 1억 명이 넘는 곳도 있는데다가, 많은 주가 외국과의 투자와 무역도 독자적으로 추진한다. 현재 한국과 인도 양국 지자체 간에 체결된 자매결연 협약은 8개에 불과하다. 반면 한국과 중국 간에는 400여 개 지자체가 자매결연을 하고 있다. 라지브 콜 주콜카타 한국 명예영사는 필자가 인도를 떠나 귀국한 후에도 1년에 두세 번씩 인도 기업인들과 함께 한국을 방문하는데, 올 때마다 지방의 한국 기업들과 만나면 항상 무언가 좋은 결과가 나온다고 하였다.

한국 기업이 인도에 와서 정착에 성공하면 기업의 사회적 책임(CSR: Corporate Social Responsibility)에도 신경 써야 한다. 2013년 세계 최초로 기업의 사회적 책임(CSR)이 법제화되어 CSR 활동이 의무화되었기 때문이다. 인도 정부가 만성적인 재정적자에 허덕이다 보니 빈곤층 문제 해결이 여의치 않은 상황에 기업이 적극적으로 나서 사회에 기여해야 한다는 논리이다. 기업 순수익의

2016년 인도 해양박람회

2%를 의무적으로 지출하도록 규정하였으며, 2019년에는 불이행 기업에 대해 벌금 부과와 형사 처분까지 강행한다는 개정안이 의회에서 통과되었다. 물론 CSR 법제화는 조세 증액과 다를 바 없으며 정부의 사회복지 책임을 기업에 전가하는 것이라는 비판도 나왔다. 그런데도 정부의 강력한 추진 의지를 꺾기는 어려울 것으로 보이며, 인도 기업들도 매년 CSR 지출 비용을 대폭 늘려나가는 추세이다.

인도에 진출한 우리 기업들도 다양한 사회공헌 활동을 활발

2019년 2월 방한한 모디 총리를 영접하는 문재인 대통령

히 펼치며 인도 사회발전에 기여하고 있다. LG전자는 시각장애인용 휴대전화를 기증하거나 힌두 축제를 지원해 왔다. 특히 매일 1만 명이 식사하는 푸네공장 구내식당에서는 '잔반 제로(식사 남기지 않기)' 캠페인으로 절감된 비용을 보육원에 기증함으로써 지역 사회의 호응을 얻고 있다. 현대자동차 역시 의료지원과 문화유적지 보호 활동을 펼치고 있으며, 삼성전자와 포스코도 나름의 CSR 활동을 확대하고 있다.

인도의 원자력 발전시장도 주목할 만하다. 인도는 작은 규모이지만 1959년에 처음으로 상업용 원자로를 가동하였다. 이후 영국과 캐나다로부터 기술을 도입하여 본격적으로 상업용 원자로 건설을 시작하였으며, 2016년 현재 한국과 비슷한 22개의 원자로를 운용하고 있다. 과거 핵실험에 따른 서방세계의 제재로 인해 연료 획득과 기술개발에 어려움이 있어, 개별 원자로들은 150MW 정도의 작은 규모이며 원자력 전력 생산은 아직 인도 전체 전력 생산의 3.22%에 불과한 수준이다. 이에 따라 현재 10여 기의 원자로를 건설 중이고 20여 기를 추가로 건설할 계획이다. 더군다나 인도는 NPT 체제 밖에 있음에도 여러 국가와 상업적 원자력 협정을 체결하여 원자로를 운영하는 유일한 국가이다. 미국과 2005년 원자력 협력 협정을 체결한 후 영국, 캐나다 등 14

개국과도 협정을 맺었으며, 2011년 한국과도 협력 협정을 체결하였다.

2015년 말 필자가 참석한 웨스트벵갈 에너지 페어에서 인도 산업부 장관은 드디어 인도 전역 어디에도 정전된 곳이 없는 날이 달성되었다고 자랑스럽게 발표하였다. 2011년 일본의 후쿠시마 원전 사고로 인한 반(反)원전 기류도 남아있고 원전 건설현장에서 주민시위도 이어지고 있지만, 인도의 부족한 전력 사정상 원전 건설은 앞으로도 계속 추진될 것으로 보인다. 사실 인도의 열악한 전력 상황은 뒤집어 보면 우리 기업들에는 커다란 기회를 의미한다. 앞으로 인도 정부의 노력으로 전력 사정이 좋아지면 에어컨을 비롯한 한국 기업들의 가전제품 판매는 그만큼 늘어날 것이기 때문이다.

일찍이 리콴유 싱가포르 총리는 에어컨이 없었다면 오늘날의 싱가포르는 없었을 것이라고 했다. 아열대 기후에서 에어컨 없이 생산성을 높이는 것은 불가능하다는 말이다. 이것은 인도의 전기사정이 나아지고 에어컨 보급이 확대되면 그만큼 생산성이 높아질 것이니 인도에 대한 투자 가치가 더 커진다는 것을 의미한다.

2019년부터 인도의 경제성장률이 둔화된다는 소식이 있었지만, 아직은 정확한 분석과 평가가 나오지 않았고 더군다나 앞으로의 경기가 어떻게 될지 예측하는 것은 어려운 일이다. 그러나 우리 기업들은 1990년대 초 인도의 금융위기 직후 투자를 확대하여 자동차와 가전 시장을 석권한 경험이 있다. 설사 인도 경제가 침체하더라도 당장 눈앞의 현상을 보기보다는 잠재력을 보고 인도와의 협력을 확대해 나가야 할 것이다.

#3

더 나은 미래를 위하여

인도인들은 전 세계에서 두각을 나타내는 해외 인도인들의 이야기가 소개되면 이것이 바로 인도 정치, 경제, 사회 체제의 후진성을 드러내는 것이라고 농담처럼 이야기한다. 인도인들은 밖으로 나가야만 훨훨 난다는 것이다. 그러나 인도는 이제 카스트로 상징되는 후진성을 벗어던지고 점차 도약의 길로 나아가고 있으므로, 인도의 국제적 위상과 영향력은 커질 수밖에 없다. 이 과정에서 기존 선진국들이 밟아온 경로를 따라갈지, 아니면 빈부격차와 기후변화 등의 도전과제를 자신의 상황에 맞게 극복하면서 새로운 발전의 길을 제시할지는 인도 국민과 지도자들이 선택할 몫이다.

세계은행은 매년 전 세계 195개 국가들의 정치적 안정, 정부 효율, 부정부패 통제, 규제의 질, 언론의 자유, 법치 등의 상황을 자유, 공평, 효율 측면에서 평가한 거버넌스 지수를 발표한다. 인도의 자유 지수는 비교적 높은 데 비해, 공평성과 효율성은 아직도 낮다. 그러나 카스트가 흔들리기 시작하고 모디 정부의 경제 개혁이 계속되면서 공평성과 효율성도 점차 높아지는 추세이다. 이러한 가운데 인도의 청년들은 어려운 환경 속에서도 미래에 대한 희망을 품고 역동적으로 움직이고 있다.

반면 우리는 자유, 공평, 효율 측면에서 모두 높은 수치를 자랑했지만, 지난 몇 년간 사회적 계층 이동 가능성이 줄어들면서 공평성이 하락하는 추세에 청년의 대다수가 좌절하고 있다. 물론 아직도 다른 나라에 비하면 비교적 공평하다 해도, 인도에서와 마찬가지로 앞길이 창창한 젊은이들은 현재의 객관적 상황보다는 앞으로의 추세를 더욱 민감하게 받아들일 수밖에 없다.

그렇다면 어떻게 해야 한국 청년들의 역동성을 깨울 수 있을 것인가? 어떻게 하면 혼란을 줄이면서도 혁신으로 사회적 변동(social mobility)을 높여 나갈 것인가? 이에 대한 답은 이 책의 범위를 벗어나는 것이다. 그러나 부상하는 인도와 정치, 경제, 문화적 교류를 확대하는 속에서 기회를 찾는 것도 작지만 하나의 실질적 방안이 될 것으로 믿는다. 우선 우리 청년들이 인도에 관심을 갖고 인도 유학도 생각해 보기를 바란다. 인도와 같이 우리와 전혀

찬디가르 명예영사관 개소식

다른 곳에서 우리 사회를 객관적으로 보고 우리 문제에 대한 해법을 찾아보는 것도 의미 있는 일이 될 것이다.

델리의 네루대학이나 델리대학뿐 아니라 28개 주에 있는 다른 대학들도 교과 과정이나 교수진들이 훌륭하고 유학 비용도 저렴한데, 아직은 한국 학생들의 관심이 적어 인도 전체의 한국 유학생은 불과 천 명도 되지 않는다. 하이데라바드, 찬디가르, 콜카타의 한국 명예영사들은 필자의 간곡한 부탁으로 관할 지역의 대학들이 한국의 대학들과 자매결연을 하도록 도와주었고 한국 유학생에 대한 장학금도 내놓았다.

한국의 어느 청년은 2016년 인도에 와서 한국산 화장품을 온라인으로 판매하는 사업을 시작하였고, 곧이어 인도 백화점에 직접 판매도 시작하면서 그의 사업은 3년 만에 20억 원의 매출을 올리며 인도 기업의 투자도 받게 되었다. 여기에는 몇 년 전 한국에서 경영학 석사 과정에 있을 때 학점교환 프로그램으로 인도의 경영대학원에서 6개월간 공부하면서 인도인 친구를 만든 것이 결정적인 도움이 되었다고 한다. 인도에서의 경험은 언젠가 요긴하게 쓰일 수 있을 것이다.

뉴욕에 도착한 지도 벌써 한 달이 지났다. 인도에 관한 책을 쓰다 와서 그런지 필자의 머릿속은 아직도 인도에 관한 생각들로 가득 차 있는 듯하다. 지인들의 집에서 느꼈던 인도인들의 따뜻한 가족애도 그립다. 인도 출신 유엔 사무차장과 만나 인도의 문화와 종교 이야기로 시간 가는 줄 모르고 환담을 하니 동석한 우리 대표부와 사무국 직원들이 흥미롭게 이를 지켜보기도 했다.

11월 초순 유엔총회는 대기오염 대응을 위한 유엔 기념일을 지정하는 결의안을 채택하였다. 한국이 최초로 제안하여 만장일치로 채택하게 된 의미 있는 결의안이다. 이제 2020년부터 매년

9월 7일을 '푸른 하늘의 날'로 기념하게 되었다. 결의안을 채택하는 회의에서 필자는 제안 설명을 하였는데, 연설하면서 델리의 잿빛 하늘이 생각났다. '푸른 하늘의 날' 결의안에 인도도 당연히 지지를 보내주었다.

유엔에서는 무력분쟁, 기후변화, 인권 등 여러 가지 현안을 다루는데, 최근에는 '불평등(inequality)' 문제도 심각하게 논의되고 있다. 여러 대사들은 우리 영화 〈기생충〉이 불평등 문제를 잘 다루었다고 칭찬한다. 지난 10월에는 칠레에서 불평등으로 촉발된 시위가 격화되어 기후변화협약 총회와 APEC 정상회의까지 취소되는 일이 있었다.

많은 선진국에서는 늘어나는 이민과 난민 유입으로 사회 갈등이 커지고 있다. 더욱이 기술 발달로 인한 일자리 감소로 고급 지식이나 기술이 없는 평범한 사람들의 삶은 갈수록 어려워지는데, 이들의 상실감을 교묘하게 이용하며 증오를 부추기는 극우 정당까지 나오고 있다. 한편 중국이 세계의 공장이 되어 섬유산업 등 개도국의 전통산업을 블랙홀처럼 빨아들이자, 개도국 노동자들도 일자리를 잃으면서 선진국으로의 이민이 확대되는 악순환이 일어나고 있다. 이것이 전 세계 곳곳에서 일어나고 있는 대규모 시위의 배경이다.

이러한 대규모 시위는 과거처럼 어느 특정 집단에 의해 체계적으로 조직되기보다는 모바일과 SNS 등 디지털 기술의 발달에 따라 순식간에 불특정 다수가 참여하는 양상을 띠고 있다. 이렇게 되면 국민의 목소리를 즉각적으로 들을 수 있다는 장점도 있겠지만, 다양한 시위가 예측하기 어려울 정도로 일상화될 수도 있을 것이다. 어떻게 하면 기술의 발달이 가져오는 새로운 국민의 의사 표현이 안정적 거버넌스와 양립할 수 있을 것인가? 이것은 21세기 국가들이 직면하게 될 새로운 도전이다.

개도국들은 개인 간의 불평등뿐 아니라 국가 간 불평등까지도 유엔에서 논의해보자는 주장을 하고 있다. 그러나 국제정치의 현실에서는 터무니없는 주장이다. 얼마나 부강한 나라를 만드느냐는 각 국가의 책임이다. 어느 나라에서 태어났느냐에 따라 개인의 삶 자체가 달라지는 것은 불공평하지만 엄연한 현실이다. 따라서 정부는 국민들의 윤택한 삶을 보장할 좋은 거버넌스를 만드는 데에 최선의 노력을 다해야 한다. 이것이 자기의 의지와 관계없이 그 나라에 태어난 국민을 제대로 섬기는 것이다. 공정하고 효율적이면서도 자유로운 거버넌스 체제를 만들어나가기는 결코 쉽지 않다. 나라마다 처한 상황이 다르므로 자기 나라의 처지에 맞는 좋은 방안을 찾아 나가면서 다른 나라의 사례들도 면밀히 관찰하고 참고해야 할 것이다.

인도의 경우 전체 인구의 15%에 이르는 무슬림과의 갈등도 사회적 불안정을 증폭시키는 요인이 되고 있다. 우리의 북한 핵 문제처럼 국가의 생존을 위협하는 문제까지는 아니지만, 파키스탄과의 국경분쟁도 심각한 도전요소이다.

이러한 조건 속에서 인도가 어떻게 변화하면서 보다 나은 거버넌스를 찾아가고 있는지를 소개했다. 인도 사회의 변화는 괄목할 만한 것이지만 이러한 변화가 업그레이드된 시스템으로 정착되기 위해서는 정치 경제 분야의 거버넌스가 더 효율적으로 바

꿔어야 할 것이다. 인도를 잘 들여다보면 그렇게 바뀌고 있다는 것이 '인도 리포트'의 핵심이다. 이 책을 통해 독자들의 인도에 대한 관심과 이해가 높아졌기를 기대한다.

2019년 11월 뉴욕에서

저자 조현

코로나바이러스는 모든 것을 바꾸었다. 이 책의 출판도 늦춰졌다. 그러나 인도에서도 번성했던 수피교의 격언대로, "이 또한 지나가리라. *(This, too, shall pass.)*"

한국 대사의 인도 리포트

1판 3쇄 발행 2023년 5월 25일
1판 1쇄 발행 2020년 5월 10일

지은이 조현
펴낸이 최원교   **펴낸곳** 공감

편집 최영주   **디자인** 강희연
마케팅 김건효, 김부건   **관리** 신검주
PHOTO CREDITS 저자 소장본 언스플래쉬 위키미디어

출판등록 1991년 1월 22일 제21-223호
주소 서울시 송파구 마천로 113
전화 02-448-9661   **팩스** 02-542-1090
전자우편 kunnabooks@naver.com

ISBN 978-89-6065-305-4 03300